열린 세상으로 가는 길 '문명의 보고서'

열하일기 답사기

연암 박지원 熱河日記

고조선유적답사회

(회장 안동립, 동아지도 대표, 독도연구가)

이메일 : starmap7@daum.net • 다음카페 : http://cafe.daum.net/map4u7

열린 세상으로 가는 길

이윤선(전 국립목포대학교 교수)

아, 참 좋은 울음 터로다!
연암 박지원이 요동 벌판에 서서 외쳤던 이 감탄의 말은, 오늘을 사는 우리에게도 여전히 울림이 있다. 조선 후기, 정체된 사고의 벽을 깨고 세계를 향한 시야를 열고자 했던 거인의 여정이 현대인들의 독서와 사유, 그리고 실제의 발걸음으로 이어지고 있기 때문이다.

이번 〈열하일기 답사기〉는 연암의 길을 따라 걷고, 그의 사유를 되새긴 기록이다. 고조선유적답사회(대표 안동립)가 주관한 이번 탐방은 단순한 여행이 아닌, 18세기 조선이 만난 세계를 오늘의 언어로 다시 읽고자 하는 집단적 인문학의 실천이었다. 인천에서 출발해 단동, 심양, 북경, 그리고 열하에 이르기까지 2,300Km에 달하는 여정을 알뜰하게 소화했다. 단지 공간을 이동한 것이 아니라 시대와 문명의 간극을 넘나든 사유의 발걸음이었다고 감히 생각한다.

이 책의 가장 큰 미덕은 한 사람의 기록이 아닌 여러 명의 필자가 각자의 관점과 목소리로 써 내려간 다층적 구성이라는 데 있다. 연암의 글처럼 날카롭고 풍부한 관찰이 살아있고, 때론 정서적이고 때론 해학적이며 어떤 글에서는 철학적인 성찰도 묻어난다. 그만큼 이 책은 '길 위의 인문학'이라는 이름에 걸맞은 다양성과 깊이를 함께 지니고 있다.

기획에서부터 답사를 이끈 안동립 대장은 전체 여정을 종합하며 『열하일기』의 행로와 역사적 맥락을 세심히 정리하고 일정을 꼼꼼하게 기록해주었다. 마치 연암이 그러했던 것처럼, 일기를 쓰듯이 정리했으므로 답사를 염두에 둔 독자들에게 가장 좋은 선물의 글이 될 것으로 생각된다. 또 전 과정을 지도에 표기했다는 점이 큰 성과라 하겠다. 최성미 원장은 연암의 가계도를 꼼꼼하게 살펴주었고, 이윤선 교수는 판소리의 소릿결처럼 서정적인 언어로 마치 연암에게 편지를 쓰듯 글을 전개해주었다. 강명자 선생은 백이·숙제의 고사에 고사리의 은유를 얹어 옛 선비의 절개를 되새겼고, 안옥선 선생은 직접 걸었던 열하의 거리에 스민 감정을 기록하였다. 윤광일 선생은 4천 리 여정의 피로와 감동을 간명한 문장으로 풀어냈으며 김희곤 선생은 시간 여행자처럼 과거와 현재를 잇는 사유를 미려한 문체로 전개했다. 강계두 선생은 실학 정신의 본질과 오늘의 미완성을 짚어냈고 궁인창 선생은 열하에서 보고 듣고 느낀 실상을 살아있는 장면처럼 펼쳐냈다. 이효웅 선생은 연암의 길을 따라 묵직한 사색을 펼쳐내고 이를 영상 작업으로 남기기도 했다.

이 기록들은 서로 다른 시선과 형식 속에서도 하나의 공통된 질문으로 수렴한다.

> "연암은 왜 열하로 갔는가?
> 그리고 우리는 왜 지금 다시 그 길을 걷는가?"

『열하일기』는 단지 한 시대의 여행기가 아니라, '닫힌 세계'와 '열린 세계' 사이에서 고뇌하던 한 지식인의 실천적 철학이자, 조선이라는 고립 공간을 넘어보려 했던 지적 탐험의 증거라고 할 수 있다. 이번 답사기를 통해 독자들은 단지 연암의 여정을 되짚는 것에 그치지 않고, 연암의 생각을 오늘의 맥락 속에서 더 깊이, 더 넓게 이해하는 계기를 얻게 되리라 생각한다.

이 책이 연암을 사랑하는 이들에게는 익숙함 속의 새로운 감동을, 처음 접하는 이들에게는 열린 사유의 첫걸음이 될 선물이길 바란다. 우리 글쓴이들은 언젠가 낯선 독자들과 함께 이 길을 더불어 나설 날을 꿈꾼다. 그 길 위에서 기쁜 마음으로 만나자. 연암이 그러했듯이.

시대를 넘어선 울림

조평규(중국연달그룹 특별고문)

내가 열하일기(熱河日記)를 처음 접한 것은 20살 때 본문에 나오는 '일야구도하기(一夜九渡河記)'를 읽었을 때로, 사람은 감각에만 의존하지 말고, 이성적으로 사물을 바라봐야 한다는 연암(燕巖)의 교훈이 담겨 있는 글입니다.

『열하일기』는 1780년 건륭 황제의 만수절(70세 생신) 축하 사절의 정사인 박명원의 수행원 자격으로 5월에 길을 떠나 10월에 돌아오는 장장 6개월에 걸친 여행의 기록입니다. 이 책은 동서고금(東西古今)의 여행기 중에서 가장 생동감 넘치는 상상 이상의 조선 지식인의 지적 경험이 고스란히 담겨 있습니다. 당시 사절단은 빠듯한 일정과 변화무쌍한 기상이변을 극복하고 연경(燕京)에 도착했으나, 예상하지 못하게 황제가 있는 열하(현 승덕)까지 또 700리를 다녀와야 했습니다.

인간은 스승이나 책을 통해 배우기도 하지만, 여행을 통해서 자기 자신을 들여다보고 세상에 대한 이해를 넓히고 자기 삶의 태도를 변화시켜 여행이 끝난 뒤에도 우리의 삶에 깊은 영향을 미칩니다.

본 '열하일기 답사기'는 답사단 24명이 연암의 기록과 고증에 바탕을 두어 245년 만에 대형 버스를 타고 대련을 출발 신의주와 맞닿은 단동(丹東), 봉황성, 요양, 심양, 북진, 금주, 산해관, 연교, 베이징, 승덕(열하) 등 연암의 발자취를 더듬어가면서 느끼고 경험하고 배운 것을 기록한 소중한 자료입니다.

필자가 '열하일기 답사단'에 참가하게 된 것은 참으로 큰 행운이었습니다. 답사의 일정이 진행될수록 산해관 이북의 땅은 중국 땅이 아닌 우리 조상인 고구려 땅이 확실하다는 것을 확신했습니다. 우리의 땅을 낯선 사람들이 차지하고 앉아 살아가고 있는 모습을 보면서 반드시 찾아야 한다는 생각이 답사 전 과정을 지배했습니다.

여행의 질(質)은 좋은 동행(同行)을 만나야 풍성해집니다. 여행 중 대화와 공감 그리고 추억의 공유는 여행 당시뿐만 아니라 이후에도 여행의 추억을 풍요하게 만드는데 우리 답사팀은 드림팀이라 해도 손색이 없었습니다.

안동립 답사 대장의 세밀한 준비는 과거와 현재를 연결하는 멋진 고리 역할을 했습니다. 대원 한분 한분의 만만치 않은 삶의 내공과 역사 인식 그리고 인격은 예상치 않은 지점에서 드러나 답사 여정이 진행될수록 즐거움과 배움은 배가 되었습니다.

나의 선조 한 분이신 두시언해(杜詩諺解)를 번역하고 서문(序文)을 쓴 매계(梅溪) 조위(曺偉)도 성종 때 사행단으로 연경을 다녀왔습니다. 후손인 내가 그 길을 가면서 조상에 대한 묵상의 시간을 가진 것은 번외(番外)의 소득이기도 했습니다.

이번 답사를 통해 조선에 대한 이해를 넓혔고, 천재 연암의 인생을 대하는 태도를 배웠습니다. 넓은 요동 벌판을 보고 연암은 '아! 참 좋은 울음 터로다, 가히 한번 울만 하구나(好哭場, 可以哭矣)'라고 외쳤습니다. 갇혀 살아온 조선 남자의 기개(氣槪)에 공감했습니다.

『열하일기』를 따라가는 답사를 통해 기록의 중요성을 재삼 인식하는 계기가 되었음에 감사한 마음입니다. 답사 일정을 함께하며 고락을 함께한 답사팀 모두에게 감사를 전합니다.

차 례

열린 세상으로 가는 길 4~5

시대를 넘어선 울림 6~7

차례 · 판소리 8~9

사철가 · 호남가 10~11

연암 박지원의 가계(家系) 12~13

열하일기를 따라서 배우는 길 위의 인문학 역사 답사 14~15

창덕궁 돈화문, 열하일기 출발 재현 16

지하철로 떠나는 역사 답사 17~18

열린 세상으로 가는 대장정 답사기 19~66

열하에서 온 편지 · 남도 인문학 팁 67~71

수양산 백이 · 숙제와 고사리 72~81

열하일기를 따라서 82~88

열하 4천리를 다녀와서… 89~91

시간여행을 통해 본 박지원 92~96

연암이 꿈꾸었던 실학정신, 여전히 미완 상태 계속되고 있다! 97~103

열하(熱河)를 가다 104~122

중국 승덕 뉴스에 소개된 '고조선유적답사회' 123

연암 박지원의 길을 따라 2,300km 124~129

답사 일정표 130~131

고조선유적답사회 연혁 132~133

답사단 명부 · 역사 답사 지도 134~135

답사 화보 136~137

판권, 참고문헌 138

판 소 리

노래 이윤선(전 국립목포대학교 교수)

(아니리)
오늘도 비가 내려 사방 천지가
온통 비에 젖어 있었던 것이었다.

(창)
**앞산도 척척하고
뒷산도 척척하더라!**

민속학자이자 고수(鼓手)인 이윤선 교수가 판소리 이야기를 들려주며, 소리꾼이 판소리를 시작하기 전, 목을 다듬기 위해 부르는 단가 중 한국에서 가장 짧은 판소리라고 소개하며, 직접 해설을 곁들여 구성지게 노래했습니다. 이 교수는 말로 하는 부분을 '아니리'라고 하고 노래로 하는 부분을 '창'이라고 설명하였습니다. 아래의 노래는 임방울 명창의 판소리 중 유명한 〈추억〉의 들머리를 재구성한 것입니다.

사 철 가

노래 엄수정

이산저산 꽃이 피면 산림풍경 너른들
만자천홍 그림병풍앵가접무 좋은 풍류
세월 간 줄을 모르게 되니 분명코 봄이로구나
봄은 찾아 왔건마는 세상사 쓸쓸허구나
나도 어제는 청춘일러니 오늘 백발 한심쿠나
내청춘도 날 버리고 속절없이 가버렸으니
왔다갈 줄 아는 봄을 반기헌들 쓸데있나
봄아 왔다가 가려거든 가거라
니가 가도 여름이 되면 녹음방초 승하시라 옛부터 일러있고
여름이 가고 가을이 된들 또한 경계 없을소냐
활로상풍 요란해도 제절개를 지키잖는 황국단풍은 어떠허며
가을이 가고 겨울이 되면
낙목한천 찬바람의 백설이 펄펄 휘날리어
월백설백 천지백허니 모두가 백발의 벗일레라
봄은 갔다가 연연히 오건만 이내 청춘은 한번 가고
다시 올 줄을 모르네 그리여
어화 세상 벗님네들
인생이 비록 백년을 산대도 인수순약 격석화요
공수래 공수거늘 짐작허시는 이가 몇몇인고
노세 젊어 놀아 늙어지며는 못노는지라
놀아도 너무 허망히허면 늙어지면서 후회되려니
바쁠 때 일허고 한가헐 때 틈타서
이렇듯 친구벗님 모여앉아
한 잔 더먹소 들 먹소 권해가며 헐일을 허면서 놀아보세

호 남 가

노래 엄수정

함평천지 늙은 몸이 광주 고향을 보랴허고
제주 어선 빌려 타고 해남으로 건너갈 제
흥양의 돋는 해는 보성의 비쳐있고
고산의 아침 안개 영암을 둘러있다
태인허신 우리 성군 예약을 장흥허니
삼태육경은 순천심이요 방백 수령은 진안군이라
고창성의 높이 앉어 나주 풍경을 바라보니
만장운봉이 높이 솟아 칭칭헌 익산이요
백리 담양 흐르는 물은 굽이굽이 만경인디
용담에 맑은 물은 이아니 용안처며
능주에 붉은 꽃은 곳곳마다 금산이라
남원에 봄이 들어 각색화초 무장허니
나무나무 임실이요 가지가지 옥과로다
풍속은 화순이요 인심은 함열인이
이초난 무주허고 서기는 영광이라
창평한 좋은 시절 무안을 일삼으니
사농공상의 낙인요
부자형제 동복이로구나
농사허든 옥구백성 임피상의 걸쳐입고
삼천리 좋은 경치 호남이 으뜸이로다
호남 구경이나 허여보세

연암燕巖 박지원朴趾源의 가계家系

글 최성미(전 임실문화원장)

휘諱는 지원趾源이요 자字는 미중美仲이며 호號는 연암燕巖이다. 본관本貫은 반남박씨潘南朴氏이다. 영조英祖 1737년 정사생丁巳生이요 관官은 통훈通訓이며 계양부사鷄陽府使하다.

할아버지는 돈령부지사敦寧府知事 필균弼均이고, 아버지는 사유師愈이며, 16세歲에 조부가 돌아가시고, 처숙妻叔 이군문李君文에게 수학하였다. 학문 전반을 연구하다가 30세부터 실학자 홍대용洪大容과 사귀고 서양의 신新 학문學文을 접하였다.

1805년 을축乙丑 십월十月 이십일二十日졸卒 하니 문집文集 오십칠권五十七卷이 있다. 배配는 전주이씨全州李氏 이다.

자녀는 이남二男 이녀二女 인데 장남은 종의宗儀로 희원喜源에게 양자를 하고 차남은 휘諱가 종채宗采인데 자字는 사행士行이요 정조正祖 1780년 경자생庚子生 관官 금OO今OO 주부主簿 이고 배配는 전주유씨全州柳氏 이다.

종채宗采의 장남은 규수珪壽이며 1807년 정묘생丁卯生 이요

종채의 차남은 주수珠壽이며 종의宗儀에게 양자를 하였다. 이로써 종의宗儀 생부生父는 지원趾源이고 양부養父는 희원喜源이다. 희원의 부父는 사유師愈이고 사유師愈의 부父는

필균彌均이며 필균의 부父는 태길泰吉이다.

장녀長女는 이종묵李鍾穆은 전실前室 전주인全州人 승지承旨 부父 군수郡守 ○규○圭에게 출가出嫁를 하였고 차녀次女는 이겸수李謙秀인데 연안인延安人목사牧使 부父는 도都 출가出嫁하다.

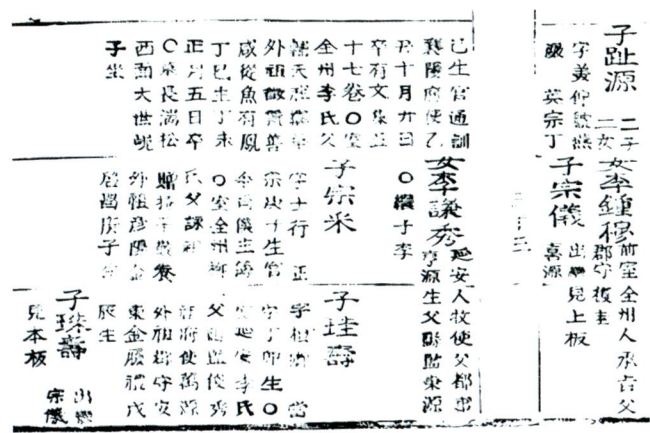

그림 4. 박지원의 족보 부분 확대

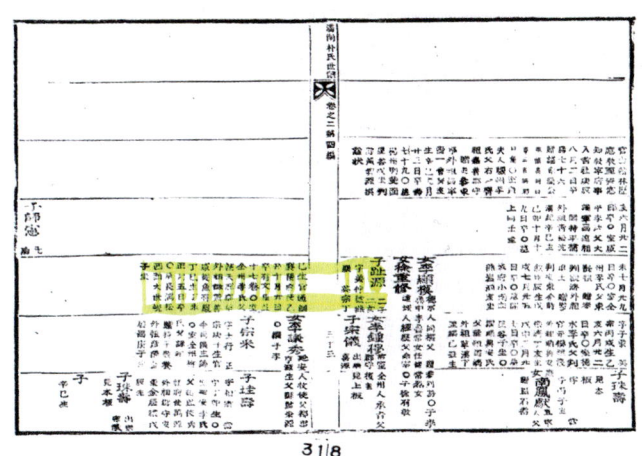

그림 5. 박지원의 족보

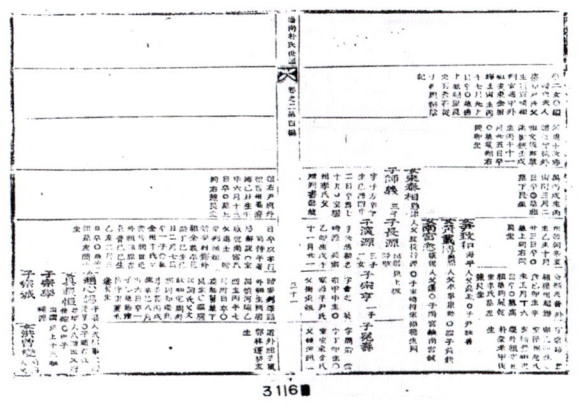
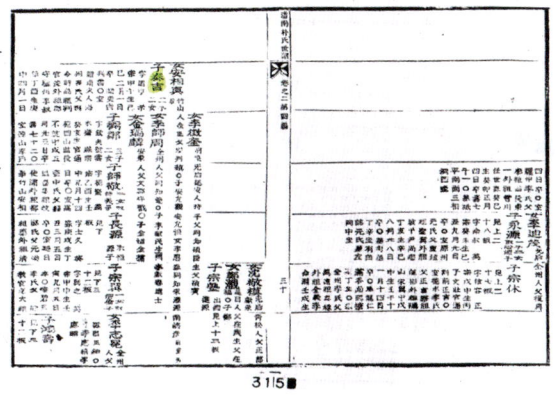

열하일기를 따라서 배우는 길 위의 인문학 역사 답사
제52차 고조선유적답사회 답사기

글, 사진 : 안동립 (고조선유적답사회 회장, 동아지도 대표)
일자 : 2025년 4월 19일(토)~4월 28일(월), 9박 10일
대원 : 24명 (대장 안동립, 강경숙, 강계두, 강명자, 궁인창, 김완숙, 김제일, 김희곤, 문부산, 박석룡, 안옥선, 엄수정, 윤광일, 이래현, 이미선, 이우언, 이윤선, 이효웅, 정운채, 조성호, 조평규, 최성미, 하영택, 홍승원)
안내 : 황일만, 손광휘, 운전기사 : 장개(张凯)
※ 연암 박지원의 일정에 사용된 날짜는 모두 음력입니다. 양력으로 보면 한 달 정도 늦은 일정으로 보면 됩니다.

애! 참 좋은 울음 터로다. 크게 한번 울어볼 만한 장소로구나!

연암 박지원(朴趾源)의 발자취를 따라서…

그림 8. 연암 박지원 초상화

연암 박지원(1737~1805)은 44세의 나이로 청나라 건륭제의 칠순(만수절) 축하 사행단에 합류하여 긴 여정에 올랐습니다. 그는 영조의 부마이자 8촌 형이며 사행단의 정사였던 박명원을 따라 자제 군관 자격으로 동행하게 되었습니다.

사신단 40명과 하인 장복, 창대 등 총 285명에 달하는 대규모 일행이 나팔을 불면서 창

덕궁 앞 돈화문을 출발하였습니다. 1780년 5월 25일 한양을 떠나 6월 6일 평양 대동문을 거쳤고, 6월 24일 의주에서 압록강을 건너 구련성에서 한 둔하였습니다. 7월 10일부터 12일까지 심양(성경)에 머물렀고, 7월 23일부터 24일까지 산해관을 지나서 8월 1일부터 5일까지 북경(연경)에 도착하였습니다. 당시 황제가 열하에 있었기에, 사행단 중 74명은 다시 열하(승덕)로 향해야 했습니다. 이들은 4일 밤낮 동안 이동하여 5일 만인 8월 9일 열하에 도착하여, 15일까지 머물며 황제를 알현했습니다. 모든 일정을 마치고 1780년 10월 27일, 출발한 지 약 5개월 만에 무사히 한양으로 돌아왔습니다.

이 여정은 한양에서 의주까지 1,080리, 단동에서 북경까지 2,030리, 북경에서 열하까지 700리를 합쳐 편도 총 3,810리에 달했습니다. 왕복 7,620리, 약 3,048km에 이르는 실로 방대하고 고된 대장정이었습니다.

『열하일기』에 담긴 기록은 놀라울 만큼 치밀하고 상세하였습니다. 날짜와 기후, 역참 정보와 아침과 점심 식사 장소, 숙박지, 만난 사람들과 나눈 이야기, 풍경에 대한 섬세한 묘사, 역사적인 장소를 기술하고, 사행단의 활동 모습, 심지어 술을 마신 일화까지, 여정의 모든 것을 빠짐없이 기록해 놓았습니다.

그림 9. 연암 박지원 기념석(열하)

창덕궁 돈화문, 열하일기 출발 재현

2025년 3월 14일 금요일 13시 30분, 고조선유적답사회 회원 아홉 분(김봉순, 이상향, 김희곤, 조성호, 조평규, 박인석, 정의영, 전찬호, 안동립)이 창덕궁 정문인 돈화문 앞에 모여 열하일기 답사 출발 재현을 가졌습니다. 이 행사는 병자호란의 비극적인 역사를 되새기고, 선조들의 발자취를 따라가는 의미 있는 답사의 시작을 알리는 자리였습니다.

사행의 배경 : 병자호란(丙子胡亂, 1636년 12월 28일~1637년 2월 24일)이라는 역사에서 출발하였습니다. 당시 조선은 '친명배금(親明排金)' 정책을 하였고, 이는 결국 청 태종 홍타이지가 12만 대군을 이끌고 조선 침략의 계기가 되었습니다. 이후 인조는 남한산성에서 패배했으며, 삼전도에서 홍타이지에게 '삼궤구고두례(三跪九叩頭禮)'라는 치욕을 당했습니다. 이로 따라 '삼전도청태종공덕비'가 세워졌고, 소현세자와 봉림대군(훗날 효종)이 8년간 청나라에 볼모로 잡혀가야 했습니다. 또한, 수많은 백성과 20여만 명에 달하는 공녀가 청나라로 끌려가는 비극을 겪었습니다. 이번 답사는 이처럼 비극적인 역사를 기억하고, 그 속에서 열하일기가 탄생한 배경을 이해하고자 마련되었습니다.

그림 10. 삼전도비

그림 11. 돈화문에서 출발 재현식

지하철로 떠나는 역사 답사

서울의 지하철 노선을 따라 병자호란과 관련된 유적지인 삼전도비, 돈화문, 영은문 주초, 홍제원 터를 찾아 나섰습니다.

1) 삼전도비 : 지하철 2호선 잠실역 3번 출구 석촌호수 서호에 있는 '청 태종 공덕비'를 찾아갔습니다. 인조 임금의 '삼궤구고두례'를 한 치욕의 현장에서 옮겨 놓은 것입니다. 비석 앞면의 왼쪽에 몽골문자 오른쪽에 만주문자, 뒷면은 한자로 '청태종공덕비' 비문이 쓰여있습니다. 여러 번의 풍상을 겪어 흐릿하게 비문이 남아있습니다.

2) 창덕궁 정문 돈화문 : 지하철 3호선 안국역 3번 출구 부근 창덕궁의 정문인 돈화문은 사행단이 실제로 출발했던 장소입니다. 답사단이 이곳에 모여 사행단이 나팔을 불며 출발하였던 장면을 떠올리며, 재현하며 그 의미를 되새겼습니다.

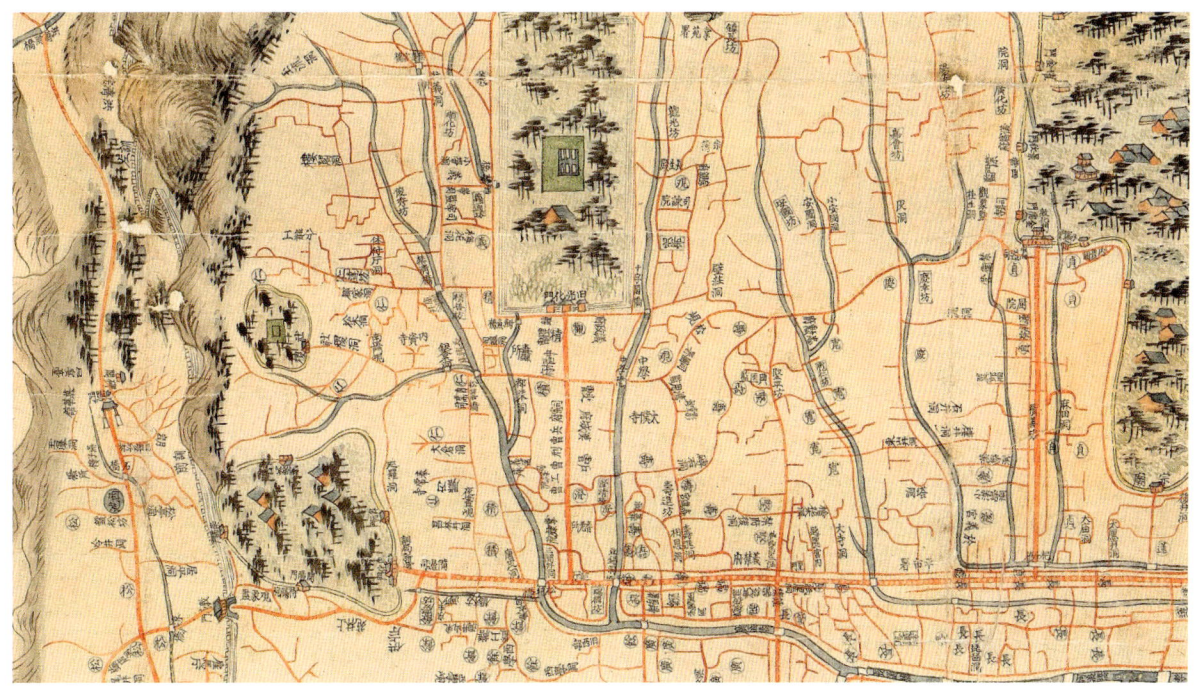

그림 12. 창덕궁 고지도(도성도 규장각한국학연구소)

3) 영은문(迎恩門) 주초 : 지하철 3호선 독립문역 4번 출구 앞에 서 있는 독립문과 영은문 주초를 답사하였습니다. 고가도로 건너편 영천시장 부근에 청나라 사신이 머물렀던 모화관(慕華館) 터인데, 현재 재개발로 터의 흔적을 찾기 어렵습니다.

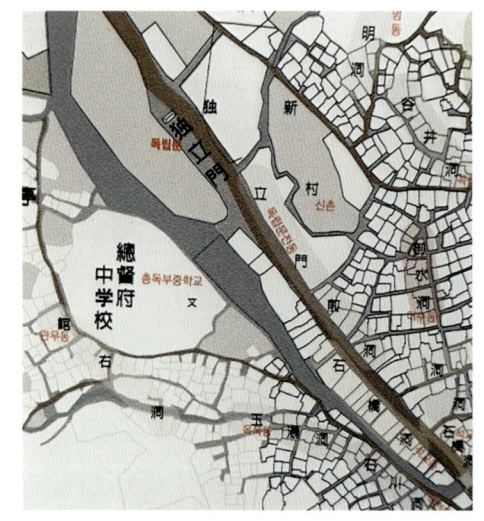

그림 13. 모화관(총독부) 터 지도

4) 홍제원 터 : 홍제원은 1394년부터 1895년까지 운영되었으며 연못이 있었습니다. 서울 지하철 3호선 홍제역 2번 출구, 새마을금고 앞에 있는 홍제원 터 표석을 따라 골목길로 50m 정도 들어가면 현재 서대문구 홍제동 138번지 일대로 건물들이 빼곡히 들어서 있어 옛 흔적을 찾을 수 없었습니다. 병자호란 때 청나라에 볼모로 끌려갔다가 돌아온 '환향녀(還鄉女)'들이 몸을 씻었다는 이야기가 전해지는 가슴 아픈 역사의 현장이기도 합니다.

그림 14. 삼전도 비

그림 15. 독립문과 영은문 주초

그림 16. 홍제원 터 표석

그림 17. 열하 비석

그림 18. 연암 박지원 기념석

열린 세상으로 가는 대장정 답사기

글, 사진 안동립(고조선유적답사회 회장)

열하일기를 따라서, 답사 1일 차

일자 : 2025년 4월 19일(토요일), 이동 거리 424km

인천 1공항 출발(oz 301) ~ 대련 도착(09:05~09:20)

숙박 : 단동중련대주점(丹东中联大酒店, 0415-233-3333)

독립군의 흔적을 찾아서

여순감옥은 안중근, 신채호, 이회영 의사를 비롯해 수많은 무명의 항일 독립투사들이 형장의 이슬로 사라진 가슴 아픈 현장입니다. 개인적으로 세 번째 답사임에도 이곳에 올 때마다 제 마음은 울컥해집니다. 우리가 오늘날 이만큼 잘 사는 것도 이분들의 숭고한 희생이 있었기에 가능했습니다. 독립투사의 헌신을 기억하고 계승하는 것이 후손들의 마땅한 도리일 것입니다.

그림 19. 여순감옥 감시탑   그림 20. 여순감옥 복도   그림 21. 사형대   그림 22. 철망 사이로 보이는 감옥 내부

비사성, 아쉬운 발길을 돌리다

고구려 비사성(卑沙城)이 있는 대흑산을 찾아가는 길은, 입구부터 운동하

는 사람과 차량이 뒤엉켜 버스가 산으로 올라갈 수 없었습니다. 게다가 정상부에는 구름이 껴 산성이 보이지 않고, 좁은 도로에서 꼼짝할 수 없어 답사를 포기하였습니다. 이곳은 제가 두 번 답사했던 곳인데, 이번에는 오르지 못하여 무척 아쉬웠습니다. 산성 입구에 있는 버스 주차장에서 멀리나마 산 정상부의 비사성과 사찰을 볼 수 있었습니다.

암흑 속의 북한 황금평과 신의주

동항시와 단동시를 잇는 압록강 제방 도로에서 북한의 황금평을 보기 위해 고속도로를 달려갔으나, 밤 8시가 넘어 밤중에 국경선 앞에 서서 암흑천지인 황금평과 신의주를 바라보았습니다. 흐릿한 불빛의 북한을 바라보며 먹먹한 마음으로 발길을 돌렸습니다. 밤 9시가 넘어 호텔 식당에서 늦은 저녁을 먹었습니다.

그림 23. 황금평과 신의주 야경   그림 24. 압록강 단교   그림 25. 신의주 박람회장 건물

열하일기를 따라서, 답사 2일 차

일자 : 2025년 4월 20일(일요일), 이동 거리 274km
숙박 : 요양희열미호텔(辽阳喜悦美酒店, 0419-389-7777)

한국 전쟁의 상흔을 마주하다

아침 일찍 호텔 앞에 있는 압록강 단교(鸭绿江断桥)를 찾았습니다. 북한과 중국을 잇는 이 다리는 한국 전쟁 중 1950년 11월 8일 유엔군의 폭격으로 파괴되어 끊어진 다리입니다. (이후 강 상류에 새로운 철교가 건설

되었고, 강 하류에 새로운 현수교가 건설되었으나 개통하지 않았습니다)

역사의 아픔을 간직한 현장에 서서 신의주를 바라보니, 예전에 답사 왔을 때보다 고층 빌딩이 늘어나고 외견상 화려해 보였습니다. 하지만 여전히 대부분의 북한 주민이 힘든 삶을 살아가고 있다고 하니, 북녘 동포가 더 잘 살았으면 하는 간절한 마음이 들었습니다.

고구려의 흔적을 지운 곳 박작성

압록강 하구와 애라하(愛喇河)를 낀 요새인 호산장성(虎山长城, 박작성 泊灼城)을 찾아갔습니다. 이곳은 박작성 위에 명나라 시대에 추가로 축조한 성입니다. 중국은 이곳을 만리장성 동단 기점이라고 표지석을 세웠는데, 이는 명백한 역사 왜곡입니다. 연암 박지원이 장마철에 배 다섯 척을 나누어 타고 압록강을 건넜습니다. 제가 장대 위에 올라서서 압록강 건너편 북한의 의주를 바라보니, 좁은 강폭과 통군정 아래 구룡나루가 한눈에 들어와 손에 닿을 것만 같았습니다.

그림 26. 박작성(호산장성) 누각 그림 27. 박작성(호산장성) 전경 그림 28. 의주 통군정과 압록강

구련성터에서 마주한 압록강

구련성터(九连城镇, 瑗河尖城址, 애랄하첨성지) 표석을 찾아갔습니다. 연암은 1780년 6월 24일 의주 통군정(統軍亭) 아래 구룡나루에서 배를 타고, 장마철 급류가 휘몰아치는 압록강을 건너는 모습을 생생하게 담았습니다.

『열하일기』에는 이곳을 "구련성을 국내성이다"라고 했으며, "전송 나온 이들이 오히려 모래벌판에 섰는데 마치 팥알같이 까마득하게 보인다"라고 상황을 묘사했습니다. 또한 "구련성에서 한둔(2일 노숙)하다.

밤에 소나기가 퍼붓더니 이내 개였습니다"라고 기록하였습니다.

연암은 동행한 사신단의 규모와 각 인물의 역할 등 세세한 행동과 운반 물품, 날씨와 잠자리, 식사에 이르기까지 주변의 모든 상황을 상세하게 기록했습니다. 덕분에 제가 지금 압록강을 건너는 듯한 착각에 빠질 만큼 사실적이고 흥미진진한 기록으로 역사의 현장을 답사할 수 있었습니다.

책문에서 새로운 문명을 마주하다

구련성에서 탕산성을 거쳐 책문(柵門, 변문진 边门)으로 이어지는 120리는 봉금 지대로, 이곳은 17개 관문 중 하나인 책문으로 조선 사행단이 통관 절차를 하는 곳이다. 그는 이곳에서 새로운 세상을 본 것입니다. 벽돌집, 우물 뚜껑의 두 개 구멍, 도르래, 두레박, 물지게 등은 신기해 보였다고 하였습니다.

『열하일기』에는 연암의 단출한 행장과 일행의 예단 물목까지 상세히 기록하여 그 모습이 생생하게 묘사되어 있습니다. "창대(마부)는 견마를 잡고 장복(하인)은 뒤따른다. 말안장에는 주머니 한 쌍을 달되 왼쪽에는 벼루를 넣고 오른쪽에는 거울, 붓 두 자루, 먹 한 장, 조그만 공책, 네 권 이정록(里程錄) 한 축을 넣었습니다. 행장이 이렇듯 단출하니 짐 수색이 아무리 엄하다고 한들 근심할 것 없었습니다." 또한, 하인 "창대와 장복이 주머니를 털어서 술을 샀다. 나는 너희들 술을 얼마나 하느냐. 하고 물었더니, 둘은 입에다 대지도 못하옵죠 한다." 뒤따르는 "구종들의 짚신이 안장 뒤에 주렁주렁 매달렸으며, 내원의 군복은 푸른 모시로 헌 것을 자주 빨아 입어서 몹시 더부룩하고 버석거리는 것이 가히 지나치게 검소를 숭상함이라고 말하겠다" 하며 사행단의 소박한 일상을 엿볼 수 있습니다.

연암은 청나라로 들어가는 관문 책문을 보고 깊은 인상을 받았습니다. "나무 쪽으로 목책(木柵)을 세워서 겨우 경계(經界)를 밝혔으니, 이른바 버들을 꺾어서 울타리를 만든다는 말이 곧 이것인 듯싶다. 책문에는 이엉이 덮이었고 널판자 문이 굳게 닫혔다. 책문 밖에서 다시 책문 안을 바라보니, 수많은 민가는 대체로 들보 다섯이 높이 솟아 있고 띠 이엉을 덮었는데, 등마루가 훤칠하고 문호가 가지런하고 네거리가 쭉 곧아서 양쪽이 마치 먹줄 친 것 같습니다. 담은 모두 벽돌로 쌓았고, 사람이 탄 수레와 화물을 실은 차들이 길에 질펀하며, 벌여놓은 기명들은 모두 그림 그린 자기(瓷器)들이다."

"책문은 중국의 동쪽 변두리임에도 오히려 이러하거늘 앞으로 더욱 번화할 것을 생각하니, 갑자기 한풀 꺾여서 여기서 그만 발길을 돌릴까 보다 하는 생각에 온몸이 화끈해진다. 그럴 순간에 나는 깊이 반성하되, 시기와 부러움이 이는 곧 견문이 좁은 탓이리라. 우리나라 사람은 '책문'이라 하고, 중국 사람들은 '변문(边門)'이라고 한다. 나무로 대강 목책을 세워 경계를 표시한 것이, 이른바 '버드나무를 꺾어 울타리를 만든다' 라는 표현과 같아 보였습니다. 책문에는 이엉이 덮여 있고, 널빤지 문이 굳게 닫혀있었습니다" 라고 기록하였습니다. 현재 책문은 변문진역 자리라고 하며, 연암이 책문을 지나면서 느낀 소감은 이처럼 자세히 묘사하였습니다. 책문의 옛 모습은 사라지고 중국 변방의 작은 마을로 남아있습니다.

그림 29. 구련성터   그림 30. 변문진(책문) 마을   그림 31. 봉황산성 남쪽 풍경

고구려 숨결이 살아있는 오골성

봉황산성(凤凰山国家风景)을 찾아갔습니다. 연암의 묘사처럼 돌을 깎아 세운 듯 기이하고 빼어났다. 이곳은 고구려 오골성(烏骨城)이라고 하며 고려 성자산(城子山)과 이어져 있습니다. 성의 석축과 토석 혼축 방식으로 축조되어 길이는 15km에 달합니다.

중국 관광의 아쉬움

산 중턱에 얼음골이 있어 신기하였습니다. 중국의 과도한 상술에 실망했습니다. 입장료, 셔틀버스, 그리고 '세상에서 제일 위험하다는 곤돌라'까지 봉황산을 둘러보는 데 1인당 280위안(약 56,000원)을 냈습니다. 특히 2인승 곤돌라는 깡통처럼 허술했고, 창문이나 안전장치 없이 빠른 속도로 움직여 불안감을 더했습니다. 하차 지점에서는 높은 곳에서 뛰어내려야 하고 심지어 사람을 잡아당겨 끄집어 내리는 위험한 상황까지 발생하여, 회원 두 분이 크게 넘어지고 다쳐 무척 불쾌하였습니다. 바위 절벽을 따라 길게 이어진 잔도가 위압적인 모습이다. 걷고 싶었지만 마음도 불편하고 시간이 없어 하산하기로 하였습니다. 다음 답사 시에는 산 입구만 둘러볼 예정입니다.

연암은 1780년 6월 27일 이곳을 지나면서 글을 남겼습니다. "멀리 봉황산(鳳凰山)을 바라보니, 전체가 돌로 깎아 세운 듯 평지에 우뚝 솟아서, 마치 손바닥 위에 손가락을 세운 듯하며, 연꽃 봉오리가 반쯤 피어난 듯도 하고, 어린 빛깔은 한양의 모든 산에 미치지 못할 것입니다. 이 성이 곧 안시성(安市城)이다. 라고 한다. 고구려의 옛 방언에 큰 새를 '안시(安市)'라 하니, 지금도 우리 시골말에 봉황을 '황새'라 하고 사(蛇)를 '배암(白巖)'이라 함을 보아서, 수·당 때에 이 나라 말을 좇아 봉황성을 안시성으로, 사성(蛇城)을 백암성으로 고쳤다."

"아아, 후세 선비들이 이러한 경계를 밝히지 않고 함부로 한 사군(漢四郡)을 죄다 압록강 이쪽에다 몰아넣어서, 억지로 사실을 이끌어다 구구히 분배하고, 다시 패수(浿水)를 그 속에서 찾되, 혹은 압록강을 '패수'라 하고, 혹은 청천강을 '패수'라 하며, 혹은 대동강을 '패수'라 한다. 이리하여 조선의 강토는 싸우지도 않고 저절로 줄어들었습니다. 이는 무슨 까닭일까." 라고 연암 박지원은 글로 한탄하였습니다.

서길수 교수는 『고구려축성연구』에서 봉황산은 고구려의 오골성(烏骨城)으로 추정합니다. 당 태종이 고구려를 침략했을 때 오골성 공격 기록에 등장한다. 북한 학자들은 환도산성(丸都)이라고 주장하며, 삼국사기에

신상왕 13년(209년) 도읍을 환도로 옮겨서 봉황산성이라는 것입니다. 관구검(246년), 모용황(342년)이 쳐들어왔던 환도성이 봉황성이라고 하였습니다. 한편, 안시성(安市城)이라고 홍대용의 『담헌서』와 박지원의 『열하일기』, 이익의 『성호새설류선』에서 주장하였습니다. 봉황산에서 하산하여 버스에 오르니 저녁 5시 50분이다. 예정된 시간보다 지체되어 일정을 줄여야 했습니다.

그림 32. 봉황산 깡통 곤돌라 그림 33. 봉황산 전경 그림 34. 봉황산 입구

『열하일기』 속 재미있는 이야기, '도이노음'

연암은 송참(설리참 薛礼站)에서 노숙하고, 통원보(通远堡镇)에서 1780년 6월 29일부터 7월 6일까지 장마로 6일간 머물렀습니다. 1780년 7월 5일 "이놈 누구야.하고 거듭 소리친즉, 소인 도이노음이오. 한다. 저 갑군(甲軍)이 밤마다 우리 일행의 숙소를 순찰하여 사신 이하 모든 사람의 수를 헤어가는 것을, 깊이 잠든 뒤이므로 여태껏 그런 줄 모르고 지냈던 것입니다. 갑군이 제 스스로 **'도이노음'**이라 함은 더욱 절도할 일이다." 필자는 연암의 세심한 기록에 웃음을 금치 못했습니다. 그리고 봉림대군(효종)이 초하구(草河口镇)를 지나면서 한탄 시를 쓴 곳에 잠깐 내려 주변을 살펴보고 연산관 역으로 출발하였습니다.

봉림대군 시
청석령을 지나거다 초하구 어드메냐
호풍도 차도찰샤 구즌 비는 무슴일고
귀라서 내 행색 그려내여 님 겨신듸 드릴고

병자호란 원인의 장소 연산관 역

답사단이 연산관 역에 도착하니 저녁 8시 17분 이미 어둠이 내리고 있었다. 연암은 1780년 7월 6일 연산관 역(連山关镇)에서 하루를 묵었습니다. 이곳은 1636년 대청 황제 즉위식 참석했던 사신 나덕현(무양서원)과 이곽이 황제의 국서를 몰래 버려두고 돌아와서, 청 태종은 이것을 빌미로 조선을 침공 병자호란을 일으켰습니다. 남한산성으로 피신하였던 인조는 한강 변 삼전도에서 삼궤구고두례의 굴욕적인 항복 의식을 행하였습니다.

우리가 도착했을 때는 해가 지고 있었습니다. 시냇물이 흐르는 산속 분지 지형에 기차가 지나는 아름다운 산골 마을이었습니다. 고도를 재보니 330m로, 밤공기가 제법 쌀쌀해져 있었습니다. 옛 역참은 사라지고 그 자리에 기차역이 들어서 있어, 아쉽게도 선조들의 흔적을 찾아볼 수는 없었습니다.

그림 35. 초하구 마을   그림 36. 연산관역   그림 37. 요양 백탑

고구려의 경계와 생활 유적

청석령(青石岭)에는 부경과 적석묘가 있었다고 하여 답사하려고 하였는데, 일정이 지체되어 아쉽게도 그냥 지나쳐야 했습니다.

연암은 이곳 청석령을 "고구려의 국경이라 했으며, 당시 중국은 봉금 정책으로 국가의 영역과는 관계가 없다"라고 했습니다. 이 지역에는 고구려의 독특한 야외 창고인 부경(夫局)이 많이 남아있습니다. 『삼국지 위지 동이전』에 고구려의 독특한 야외 창고라고 기록되어 있습니다. 고구려 시대에는 가정마다 2층으로 지어진 부경을 흔히 볼 수 있었다고 하였는데, 오늘날에는 현대식으로 개조되어 반듯한 형태로 많이 보입니다.

오늘 마천령(摩天岭)을 넘어 청석령, 관제묘까지 답사할 계획이었으나,

두 개의 산성을 오르느라 시간이 많이 지체되었습니다. 결국, 날이 어두워져 더 이상의 답사는 포기하고, 고속도로를 이용해 숙소가 있는 요양시로 향하기로 했습니다. 이번에 아쉽게 보지 못한 곳들은 다음을 기약해야 할 것 같습니다.

호텔에 밤 9시에 도착하여 저녁을 먹고, 밤 10시가 되어서야 숙소에 들어섰습니다. 정말 길고 긴 하루였습니다.

열하일기를 따라서, 답사 3일 차

일자 : 2025년 4월 21일(월요일), 이동 거리 156km
숙박 : 심양톈룬위에즈호텔(沈阳天润悦致酒店, 024-3151-9899)

연암은 1780년 7월 8일, 요양(遼陽)에 들어서며 눈 앞에 펼쳐진 드넓은 요동 벌판을 마주하고, 그 감회는 「호곡장론(好哭場論)」에 잘 담겨 있습니다.

"好哭場! 可以哭矣" (호곡장 가이곡의)
아! 참 좋은 울음 터로다
가히 한 번 울만하구나

"어머니의 태중에 있을 때 캄캄하고 막혀서 갑갑하게 지나다가, 갑자기 넓고 훤한 곳에 터져 나와 손을 펴고 발을 펴매 그 마음이 시원할 것이니, 어찌 한마디 참된 소리를 내어 제멋대로 외치지 않으리오. 이제 요동 벌판에 와서 여기서부터 산해관까지 1천2백 리 사방에 도무지 한 점의 산도 없이 하늘 끝과 땅 변두리가 맞닿은 곳이 아교풀[膠]로 붙인 듯, 실로 꿰맨 듯, 고금에 오가는 비구름만 창창할 뿐이니, 이 역시 한바탕 울어볼 만한 곳이 아니겠소."

제가 요동 벌판을 몇 번 답사 왔지만, 역사 유적지를 찾아 이 넓은 들판을 이리저리 달리다 보면, 버스에 시달리고 지쳐서 무슨 생각을 했는지 조차 모를 때가 많았습니다. 그런데 연암 박지원은 초행길임에도 요동의 광활한 들판을 보고 이처럼 멋진 글을 남겼습니다. 그의 깊은 사상과 호방함이 이 글에서 잘 드러남을 보고 감탄하지 않을 수 없었습니다.

그림 38. 요양 백탑   그림 39. 광우사   그림 40. 광우사 금동 대불

요양 백탑기(白塔記)

어제 밤늦게 도착한 탓에 아침에 일어나니 온몸이 찌뿌둥했습니다. 졸린 눈을 비비며 요양 시내에 있는 백탑을 찾아갔습니다. 2007년 선대 회장님과 이곳을 답사하였는데, 당시 동행했던 선배님들 대부분은 세상을 떠나시고 몇 분 남지 않았습니다. 어른들의 가르침에 감사드리면서 탑을 둘러보았습니다.

중국 동북 지방과 몽골, 중원 지역에 있는 다수의 요나라 탑을 답사했는데, 대부분 전탑으로 크기와 양식이 비슷하고, 무너지거나 보수한 흔적을 보면 시대적으로 약간의 변화만 있습니다.

옛 수도가 있었던 곳에 대형 백탑을 세우는데, 국민을 하나로 묶는 통치 수단으로 종교를 이용하고, 정치적인 구심점 역할을 하는 곳입니다. 특히 청나라는 티베트(라마) 불교를 통하여 전국을 안정시키려고 했습니다. 그래서 청나라 탑은 티베트식 불교 탑으로 중국 탑과 양식이 다릅니다.

중국의 탑은 5각, 7각, 9각 등 홀수 각이고 짝수 층으로 구성되지만, 요나라의 탑은 4각, 6각, 8각, 10각 등 짝수 각에 홀수 층으로 구성되어, 양식적으로 요나라 탑은 쉽게 구분됩니다.

『열하일기』에 "이 탑은 8각 13층에 높이는 70길[仞]이라 한다"라고 백탑기를 별도로 기록했는데, 저도 이 탑을 돌면서 작정하고 각과 층을 세어보았는데, 각은 남쪽을 기준으로 셀 수 있었지만, 층은 경계를 하나씩 세다가 고개만 아프고 자꾸 틀려 셀 수 없었습니다. 연암의 기록에 다시 한번 감탄을 금치 못하였습니다.

광우사기(广佑寺記)

백탑공원에 있는 광우사를 찾았습니다. 웅장한 건물들이 시선을 압도했고, 거대한 금동 부처님의 모습에 저절로 위압감을 느꼈습니다. 중국의 대다수 사찰은 신발을 신고 들어가며, 스님이 사는 것 같지 않고 지키는 사람이 통제하며, 저녁에는 사찰 문을 잠급니다. 반면 우리나라 사찰은 사랑방처럼 꾸며져 있고, 스님이 거주하며 기도처로 사용하여 문을 잠그거나 통제하지는 않는다는 것이 다릅니다.

연암은 이 절에 대하여 "강희 27년에 태황태후(太皇太后) 태종 홍타이시의 비(妃)가 내탕고의 돈으로 세운 것이고,"고 기록했습니다. 사월 초파일을 앞두고 사찰을 둘러보면서 우리나라의 안정과 국민이 행복하길 기원했습니다.

요양 관제묘 방문

관우(關公)를 주신으로 모시는 요양 관제묘(辽阳关帝庙)를 찾아갔는데, 마침 월요일 휴관으로 들어가지 못하여 문밖에서만 바라보았습니다.

『열하일기』에 "앉아서 『수호전(水滸傳)』을 읽는 자가 있는데, 뭇사람이 삥 둘러앉아서 듣고 있다. 그는 머리를 흔들며 코를 벌름거리는 꼴이, 방약무인의 태도이다. 그 읽는 곳을 보니, 곧 화소와 관사(火燒瓦官寺 수호 중 장회(章回)의 이름)의 대문인데, 외는 것은 뜻밖에 『서상기(西廂記)』였다. 글자를 모르는 까막눈이건만 외기에 익어서 입이 매끄럽게 내려간다" 라고 연암 자신의 학식을 은근히 자랑하여 재미있는 대목이었습니다. 또 건달패 수천 명이 떠들고, 총과 곤봉을 연습하고, 주먹 놀음과 씨름하는 모습이 놀이터 같다고 하여, 사당 안의 상황을 잘 묘사하였습니다.

그림 41. 요양 관제묘

그림 42. 요양 동경성

그림 43. 동경성유지

그림 44. 만주실록 조선 도원수 강홍립 솔 병 귀항도

그림 45. 광해군이 사자를 파견 국서를 후금에 바치는 모습

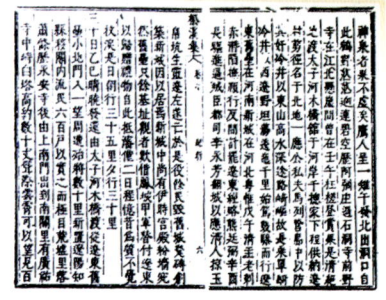
그림 46. 연행록 중 요양성을 헐고 동경성을 건설

요양 동경성 천우문

고구려의 흔적이 남아있는 동경성(东京城城址) 천우문(天祐門)을 찾아갔습니다. 성 안쪽에 작은 전시실에 들어가니 조선 사신과 연행록에 대한 상세한 소개를 접하였습니다. 또한, 명나라 이성량(李成梁) 장군이 누르하치를 살려주어 청나라를 개국한 기록도 있었습니다. 이제 옛 영화는 사라지고, 토성 흔적만 남아있었습니다.

버스 운전기사 장개(张凯, 장카이) 씨는 지난번 산서성 답사 때 관작루 5층 누각에 올라 황하를 바라보며, 왕지환의 시 '등 관작루(登鸛雀楼)'를 읊었습니다. 이번에는 동경성 앞에서 멋진 시연을 해 주셨습니다.

고구려 백암성을 찾아서

고구려 백암성(白巖城)은 요령성 등탑현 서대요향 관둔촌(西大窯鄉 官屯村)에 위치하며, 태자하를 끼고 평원에 우뚝 솟아 있습니다. 현재는 연주성(燕州城)이라고 불립니다. 성(城)의 여러 부분이 무너져 출입문을 막아

놓고 보수 공사 중이었습니다. 지키는 사람이 없이 입구를 막아서, 오솔길옆으로, 철사로 세 가닥의 줄을 쳐놓아 사람들이 드나들고 있었다. 우리도 따라서 들어가 성을 오를 수 있었습니다.

정상부에 복원 중인 장대에서 태자하 줄기와 넓은 평원을 내려다보니, 당나라 군사들과 싸우는 고구려 장수들의 함성이 평원에서 세차게 불어대는 바람을 따라 내 귓가에 들리는 것 같았습니다. 성곽 여러 곳에 CCTV가 설치되어 성벽 접근 시 오르지 못하도록 경고 방송이 계속 나와서 서둘러 올랐다가 빠르게 내려왔습니다.

일부 회원들이 성에 오르지 않아 분산되었고, 아쉽게도 성 아래쪽 마을은 답사하지 못했습니다.

연암은 태자하에 대하여 "연 태자(燕) 단(丹)이 도망하여 이곳까지 온 것을 마침내 머리를 베어 진(秦)에 바쳤으므로 후인이 이를 가엾이 여겨 물 이름을 태자하라 하였다"로 기록하였습니다.

서길수 교수의 『고구려성』에는 "중국 성곽은 벽돌로 쌓지만, 고구려식 축성 방식은 돌을 안으로 집어넣는 굽도리(퇴물림) 방식이다. 또한, 고구려 양원왕 3년(서기 547년, 삼국사기) 가을에 개축한 기록이 나온다." 또, "당 태종(645년)이 요동성을 함락한 뒤, 백암성을 공격하여 치열한 전투가 벌어졌다. 그러나 고구려 장수 손벌음(또는 손대음)이 요동성이 함락되었다는 소식에 항복하였다고 한다. 당 태종은 바로 안시성으로 쳐들어갔는데, 양만춘 장군 화살에 눈을 맞아 요택으로 도망쳤다"라는 기록이 있습니다.

살구꽃이 만개한 백암성을 뒤로하고 연암의 행로를 따라 십리하(十里河)와 사하(沙河) 다리를 둘러보았습니다. 현재는 큰 다리가 놓여있어, 좁은 강을 쉽게 건널 수 있었습니다. 그러나 당시의 어려움을 연암은 십리하를 바라보면서 하인 창대와 장복이 짚신을 신고 힘든 여정을 견뎌야 하는 것을 안타까워하였습니다. 연암 일행은 1780년 7월 10일부터 7월 14일까지 걸어서 심양에 도착하였습니다.

그림 47. 백암성에서 본 평야   그림 48. 산성 정상부 우물터   그림 49. 보수 중 백암성(연주성)

그림 50. 십리하   그림 51. 십리하교   그림 52. 심양 요나라 백탑

이종묵이 번역한 『국역 연행록』을 보면, 기묘년(1699년 12월 4일 무진)에 다음과 같은 글에서 당시 연행 길의 어려움을 엿볼 수 있었습니다.

跋涉筋骸脆 艱關道路厭 (발섭근해취 간관도로염)
漸覺東方遠 頻愁北風嚴 (점각동방원 빈수북풍엄)
破堞餘殘壘 荒村辨掛帘 (파첩여잔루 황촌변괘렴)
恨無排悶術 隨處撚霜髥[1] (한무배민술 수처년상염)

산 넘고 물 건너 근력이 약해졌는데
험난한 나그네길이 참으로 지겹네.
동방이 점점 멀어짐을 알겠는데
북풍이 사나움을 자주 근심하노라.
무너진 성에는 허물어진 보루만 남고
황량한 마을에는 내건 깃발만 보이네.
고민을 풀 방도가 없어 한스러우니
가는 곳마다 허연 수염을 꼰다네.

그림 53. 지음 강선, 옮김 이종묵, 국립중앙도서관, 『국역 연행록』

---

1) 국역 연행록, 지음 강선, 옮김 이종묵, 국립중앙도서관
https://db.itkc.or.kr/dir/item?itemId=BT#dir/node?grpId=&itemId=BT&gubun=book&depth=5&cate1=Z&cate2=&dataGubun=%EC%B5%9C%EC%A2%85%EC%A0%95%EB%B3%B4&dataId=ITKC_BT_1445A_0010_010_0030

심양은 본시 우리나라 땅

연암이 점심을 먹었던 백탑보(白塔堡)를 찾아갔습니다. 지명에서 알 수 있듯이 이곳에도 요나라 탑이 있습니다. 규모와 크기가 요양 백탑과 비슷합니다. 탑을 둘러보고, 심양 남탑(南塔) 공원을 찾아갔습니다. 미로 같은 길이 이어지는 넓은 공원인데, 일부 단원들이 뒤돌아보지 않고 사방으로 먼저 가버리는 바람에, 일행을 찾고 기다리는 일이 반복적으로 일어나 진행에 차질이 있어 문제가 있었습니다. 해는 지고 다음 일정을 진행해야 했기에, 어쩔 수 없이 단원들을 모아놓고 호통을 쳤습니다. 특히 단동과 심양 지역은 북한 보위부 요원들이 사복으로 다녀서 개인행동에 주의해야 합니다. 어색한 분위기를 바꾸려고 강계두 선생님이 심양가(남도민요 남원산성 둥가타령)를 선창하여 모두 함께 불렀습니다.

남원산성 둥가타령

니가 나를 볼라면 심양강 건너가, 이 친구 저 친구 다정한 내 친구,
설마 설마 설마 서설마, 제일 천하 낭군, 니가 내 사랑이지
어허야 뒤여 둥가, 어허 둥가 둥가 내 사랑이로구나

시간이 늦어 사찰 문을 닫아 담 너머로 탑을 보았습니다. 남탑은 티베트 불교 탑으로, 만주족이 세운 청나라의 통치하에 지어져, 탑의 양식이 요나라 백탑과는 다릅니다.

소현세자 농원이 있었던 야판 자리도 이곳 주변으로, 다음날 찾아가기로 하고, 티베트 불교 사원 서탑(西塔)에 도착하니 해가 저물고 있습니다. 예전 답사 때도 밤에 도착하여 서탑 야경을 보았는데, 다시 찾은 오늘도 야경을 보다니 다음번에는 일정을 변경하여 꼭 내부를 볼 예정입니다. 서탑 거리에 있는 중국 교포가 운영하는 '시골집'이라는 식당에서 한식으로 저녁을 먹었습니다. 답사 여행은 길고 힘들지만 돌아보면 역사의 현장에서 다양한 것을 배울 수 있어 즐겁습니다.

그림 54. 심양 서탑(라마교) 그림 55. 심양 남탑(라마교) 그림 56. 심양고궁 대청문

열하일기를 따라서, 답사 4일 차

일자 : 2025년 4월 22일(화요일), 이동 거리 214km
숙박 : 북진리펑호텔(北镇丽枫酒店, 锦州北镇店), 0416-666-6666

청나라의 심장, 심양고궁

심양은 동북 3성의 중심 도시답게, 출근 시간대에는 도심 진입이 어려워 일찍 서둘러 심양고궁(沈阳故宫)에 도착하였습니다. 간밤에 내린 비로 아침 공기가 차가운데, 입구 광장은 관광객이 인산인해를 이루며 사람들이 몰려 시끄럽고 분주했습니다. 2007년 방문했을 때는 이처럼 복잡하지 않았었는데, 현재는 안내 스피커 소리와 기념사진 찍느라 길을 막고 서 있는 사람, 특히 아무 데서나 피워대는 담배 연기에 정신이 없고 불편하였습니다.

가이드인 황일만 사장이 분주하게 다니며 입장권을 사서, 긴 줄을 서지 않고 입장할 수 있었습니다. '코로나19' 이후 중국의 유명 관광지에 들어가려면, 문 입구에서 안면 인식기에 서서, 입장권과 여권을 보여주어야만 입장이 가능합니다. 심양고궁은 후금(청)의 태조 누르하치(애신각라, 愛新覺羅), 태종 홍타이지가 사용했던 궁궐로, 그 화려함과 엄청난 규모는 감탄을 자아냈습니다.

저는 연암 박지원이 몰래 황궁 담을 넘어서 보았던 광경을 떠올리며, 화려한 황궁을 이리저리 둘러보았습니다. 특히 지붕 용마루 끝에 놓인 '어처구니' 잡상에 대해 강계두 선생님의 상세한 설명은 흥미를 더했습니다. 서유기의 삼장법사, 손오공, 저팔계, 사오정을 비롯하여 용, 말, 범 등의 형상에 얽힌 이야기를 풀어내 재미있었습니다. 하지만 병자호란을 일으켰던 홍타이지의 어진이 왕궁 정전에 걸려 있는 모습에 복잡한 감정을 지울 수 없었습니다.

그림 57. 심양 고궁   그림 58. 심양 고궁 전경   그림 59. 잡상 어처구니

연암의 재미있는 흔적을 찾아서

박지원은 1780년 7월 10일과 11일 이틀간 성경(심양)에 머물며 고궁을 몰래 넘어가 둘러본 일화와 재미있는 글을 남겼습니다. 황제가 살았던 고궁에 들어간 기록을 보면 "설사 사람을 만나더라도 쫓겨나기밖에 더 하겠습니까"라며 대담하게 고궁에 들어선 그의 모습을 엿볼 수 있습니다.

"걸어서 전전(前殿)에 이르렀다. 현판에 숭정전(崇政殿)이라 하였고, 또 정대광명전(正大光明殿)이라는 현판도 붙어 있습니다. 왼편은 비룡각(飛龍閣), 오른편은 상봉각(翔鳳閣)이라 하였고, 그 뒤에는 3층 높은 다락이 있는데, 이름은 봉황루(鳳凰樓)이다. 좌우에 익문(翼門)이 있고 문 안에는 갑군(甲軍) 수십 명이 길을 막는다. 이 층 8각 집을 대정전(大政殿)이라 하였고, 태청문 동쪽에는 신우궁(神祐宮)이라는 건물이 있어서 삼청(三淸)의 소상을 모셨는데, 강희황제의 어필로 소격(昭格), 옹정황제의 어필로 옥허진제(玉虛眞帝)라 써 붙였습니다. 도로 나와서 내원을 찾아 한 술집에 들렀다. 어디 가서 함께 실컷 마시자는 것입니다"라고 기록했습니다.

연암은 고궁을 나와 예속재(藝粟齋)에서 밤새도록 술을 마시며 '속재필담(粟齋筆談)'과 다음날 가상루(歌商樓)에서 '상루필담(商樓筆談)'을 기록으로 남겼습니다. 『열하일기』에는 당시 상황이 이렇게 묘사하였습니다. "저녁 뒤에 달빛을 따라 가상루에 들러서 여러 사람을 이끌고 함께 예속재에 이르렀다. 밤이 이슥하도록 이야기하다가 헤어지다. 장복 더러 혹시라도 나를 찾는 이가 있거든 뒷간에 간 것처럼 대답하라고 일러두었습니다.… 이미 술로 취하게 하고 또 덕(德)으로써 배부르게 했습니다. 라고 하니 여럿이 둘러앉아 듣다가 무릎을 치며 좋아하지 않는 이가 없었습니다. 벌써 달은 지고 밤은 깊었는데 문밖에는 인기척이 끊이지 않는다. 모두 흥이 도도하여 다시 술을 더 데우고 안주를 다시 가져오게 한다.…"

"가상루 여러 사람이 마침 난간 밑에 죽 늘어서 있다가 나를 보고 모두 못내 반겨하며 상점 안으로 맞아들인다. 배생은 또 한 공첩(空帖)을 내어서 글씨를 청한다. 짙은 먹 부드러운 붓끝에 자획이 썩 잘 되었습니다. 내 스스로도 이렇게 잘 쓰여질 줄은 몰랐고, 다른 사람들도 크게 감탄하여 마지않는다. 한 잔 기울이고 한 장 써 내치고 하매 필태(筆態)가 마음대로 호방해진다"라고 썼습니다. "닭이 우는 소리를 듣고 조금 눈을 붙였다가 문밖에 사람 소리가 중얼거리기에 곧 일어나 사관에 돌아오니 아직 날이 채 밝지 않았습니다"

저는 연암 박지원의 심양(성경)에서 기록한 글을 읽으면서, 그의 호방한 성격과 글재주, 넘치는 해학에 깊이 공감하며 웃음을 금치 못했습니다. 당시 연암 여러 편의 그림과 글을 써 주었다는데, 현재 중국에 남아 있는지 알 길이 없어 아쉬웠습니다.

그림 60. 숭정전　　　　그림 61. 봉황루　　　　그림 62. 소현세자와 조선관 터

조선관을 찾아서

병자호란 당시 볼모로 잡혀 왔던 소현세자와 봉림대군(효종) 일행이 8년간 머물렀던 조선관(朝鮮館)을 찾아 나섰습니다. 현재 정확한 옛터는 심

양 고궁의 성벽 남동쪽(우측 하단) 모서리에 있는 경우궁(景佑宮) 터를 지나면 나타나는 아파트 자리로 추정됩니다. 이곳은 과거 조선 사신들이 성경(심양)에 오면 묵었던 장소였습니다. 옛 모습을 찾아보기 어렵지만, 이 자리에서 8년간 지내야 했던 세자와 사신들의 고단했던 발자취를 떠올려 봅니다. 다음에 다시 찾아오기 위하여 정확한 좌표를 기록해 두었습니다.
동경 E = 123:27:21.64, 북위 N = 41:47:31.41

그림 63. 심양고궁 도자기처럼 구워진 기와

그림 64. 벽돌과 돌로 깐 바닥

요하를 건너 요서 지방으로

심양에서의 일정을 마치고 서둘러 요서 지방으로 출발하였습니다. 요하(辽河) 중류에 있는 거류하(巨流河) 대교에서 요하를 바라보았습니다. 요하는 큰 강이지만 중류에서는 강폭이 좁고 물살이 없는 나루터였습니다. 이 강을 중심으로 동쪽은 요동 지방, 서쪽은 요서 지방으로 나누어집니다. 연암은 1780년 7월 12일 이 강을 건넜습니다.

성경에서 이틀 밤잠을 설쳐 말 위에서 창대와 장복의 부축을 받으며 한숨 자고 가는 도중에 생긴 일화는 『열하일기』에 고스란히 담겨 있습니다. "아까 몽골 사람이 낙타 두 마리를 끌고 지나가더이다. 하기에, 나는, 왜, 내게 알리지 않았어. 하고 꾸짖었더니, 창대는, 그때 코 고는 소리가 천둥이 치듯 하와 불렀사오나, 아니 깨시는 걸 어찌하오리까?"라고 대답했습니다. 이 일화를 통해 연암의 인간적인 면모와 당시의 상황을 엿볼 수 있었습니다.

전당포에 국숫집 간판, '기상새설'

우리 버스는 끝없이 펼쳐진 대평원을 달린다. 큰 산은 보이지 않고, 미루나무 방풍림 숲에 의지하여 사는 작고 아담한 마을이 이어진다. 이 지역은 수, 당과 고구려가 치열하게 전쟁을 벌였던 역사적인 현장이지만, 아쉽게도 그 흔적을 찾기는 어려웠습니다. 심양을 지키는 신흥 군사 도시로 건설된 신민둔역(新民站)을 찾아갔는데 조용한 도시였습니다.

『열하일기』에는 "신민둔의 시가나 점포가 요동보다 못지않게 번화합니다. 하였고 전당포(典當舖)에 들어가 시를 써주었더니 주인이 간판을 써달라고 하자 '기상새설(欺霜賽雪)'이라 쓰고 글씨가 퍽이나 잘 되었습니다. 라고 주변에서 칭찬하는데, 주인은 "이는 우리와는 아무런 상관 없어요"라고 했다고 합니다.

"다음날 북진묘를 구경하기로 되었으므로 일찍 돌아와서 일행 여러 사람에게 아까 일을 이야기하니 허리를 잡지 않은 이가 없었다. 그 뒤로는 점포 앞에 '기상새설'이란 넉 자를 볼 때마다 이것이 반드시 국숫집이로구나 하였습니다. 이는 그 심지의 밝고 깨끗함을 이름이 아니요, 실로 그 면발이 서릿발처럼 가늘고 눈보다 희다는 것을 자랑함이다. 여기서 면발(麵)이란 곧 우리나라에서 이른바 '진말(眞末)'이다" 자신의 실수를 숨김없이 기록한 연암의 모습은 참으로 재미있고 인간미 넘칩니다.

그림 65. 거류하교 아래, 요하

그림 66. 신민역

그림 67. 소백기보 무량가옥

팔기군 백기보 마을

연암은 1780년 7월 13일 백기보(白旗堡)에서 묵었습니다. 청나라의 군대 조직인 팔기군(八旗軍)은 황기, 백기, 홍기, 남색기 등 여덟 가지 색의 깃발로 구성된 민간 부대로, 병민이 함께하는 군사 조직 중 하나였습니다.

백기보는 이러한 백색 깃발 아래 집결되는 마을 단위의 명칭입니다. 평상시에는 농사를 짓고 군사 훈련을 받았기에, 집집마다 군사와 장비가 있었습니다. 넓은 밭 사이로 방풍림인 미루나무를 심어 사람들은 숲에 기대어 마을을 형성하고 살아가는데, 낮은 일자 가옥(무량 가옥)이 많이 보였습니다. 중국집의 특징은 대들보를 걸치지 않아 지붕 모양이 평상 같은 일자(一字)로 서까래가 없습니다.

답사단이 일정상 소흑산 역참은 통과했습니다. 하지만 1780년 7월 14일, 말복(末伏)날 연암은 소흑산에서 묵으며 남긴 기록을 보면 "일행 하인들이 으레 이 소흑산에서 돼지를 삶아서 서로 위로하므로 장복, 창대 역시 밤에 가서 얻어먹겠다고 여쭙는다.… 연암은 한 점방에 들어가 그중 한 사람이 탁자를 차지하고 '신추경상(新秋慶賞)'이란 넉 자를 쓴다. 붓놀림이 매우 간삽하여 겨우 글자 모양을 이루었다. 나는 마음속으로, '저 필법을 보매 저토록 옹졸하니, 내가 정작 한번 뽐낼 때로구나' 하였다. 아직 탁자 위엔 남은 종이가 있기에 내가 걸상에 가 앉아서 남은 먹을 진하게 묻혀 시비를 가리지 않고 커다랗게 '신추경상'이라 써 갈겼다. 그중 한 사람이 내가 쓴 글씨를 보더니 뭇사람에게 소리쳐 모두 탁자 앞으로 달려왔다. 내가 처음 들어올 땐 반가워하지 아니할뿐더러 본체만체하더니, 이제 내 글씨를 본 뒤에 그 기색을 살펴보매 너무 분에 지나치게 반기면서 급히 차 한 잔을 내오고, 또 담배를 붙여 권한다" 이처럼 연암은 자신의 학문적 기량을 자랑하면서도, 당시 사람들의 반응을 재치있게 묘사했습니다.

그림 68. 소백기보

그림 69. 북진묘

그림 70. 북진고루

기자묘 서쪽은 조선 땅

우리는 의무려산 산신을 주신으로 모시는 사당인 북진묘(北鎭廟)를 찾아갔으나, 아쉽게도 늦은 시간이라 문이 닫혀 외관만 보고 발길을 돌렸습니다. 시내로 이동하여 북진고루(北镇鼓楼)를 찾았습니다. 이곳은 명나라의 요동 방어 총사령관 이성량(李成梁)[2] 장군이 지키던 곳으로, 여진족인 누르하치의 아버지는 죽이고 누르하치는 목숨을 살려주어 훗날 청나라가 일어났습니다.

1780년 7월 15일 북진묘를 구경하려고 20리 돌림길을 돌아 신광녕에서 묵었던 기록을 보면 "광녕은 본시 기자(箕子)의 나라여서 옛날에 기자의 우관이 쓴 소상이 있더니, 명(明) 가정(嘉靖) 연간의 난리 통에 타버렸다.… 자네 이번 걸음에 제일 장관이 무엇이던고. 그 제일 장관을 뽑아서 이야기해다오. 하니, 그들은 제각기 본 바를 좇아서 입에 나오는 대로 예기하는데, 저 기와 조각이나 똥 무더기가 모두 장관이니"라고 하였는데, 지금은 연암의 보았던 것을 찾을 수 없었고 무 벽 화장실만 보았습니다.

광녕성의 야경과 활기찬 밤

고구려 안시성으로 추정되는 광녕성(廣寧城) 표석은 북진고루 거리에 있었습니다. 우리가 찾아간 시간이 늦어서 광녕성 옛 거리는 으스름한 조명으로 운치를 더했는데, 여러 무리의 사람들이 시끄러운 음악을 사방에서 틀어놓고 장르에 따라 광장무를 추는 모습이 분주하고 활기 넘쳤습니다. 또 큰 붓으로 바닥에 물을 묻혀 글을 쓰는 이도 있었는데, 그 솜씨가 예사롭지 않았습니다. 주민들이 활기차게 살아가는 모습이 보기 좋았습니다. 춤을 추는 사람 중에는 젊은 여성도 있지만, 나이 드신 주부들이 화려한 복장으로 광장에서, 아침저녁으로 춤을 추는데 문득 살림살이는 어떻게 하는지 궁금해지기도 했습니다. 우리 일행도 옆에서 같이 덩실덩실 춤을 추며 옛 거리를 지나갔습니다.

---

2) 이성량(李成梁) 장군의 아들 이여송(李如松)은 명나라 장수로 임진왜란 때 조선으로 파견되어 평양성 전투 등을 지휘했다.

그림 71. 광녕성   그림 72. 조평규 박사   그림 73. 북진 광녕성 광장무

　조평규 선생이 답사 신청 기간을 놓쳐 낸 벌금으로, 양 한 마리(2,000위안(40만 원) 바비큐를 하루 전에 주문했는데, 기름을 바르고 전기로 정성스럽게 구워 겉은 바삭하고 속은 촉촉했으며, 양 특유의 냄새까지 나지 않아 정말 맛있게 먹었습니다. 고기의 양이 많아 식당 직원 10여 명과 나누어 먹고도 남을 정도였습니다. 현지인들에게도 특별한 날이 아니면 맛보기 어려운 음식이라 뜻깊은 시간이었습니다.

　호텔에 도착하니 공안이 직접 나와 여권 검사를 하고 상부에 보고한다고 하여 로비에 내려가 상황을 지켜보았습니다. 30여 분 후 여직원이 여권을 가지고 와서 주기에, 저는 여권을 건네받으며 '커피 있어요?' 물어보니, 그녀는 웃으며 호텔 직원이 아니고 '공안'이라고 답하였습니다. 잠시 후 여직원이 '이 호텔에는 커피가 없다'라고 말해, 저는 웃으며 '세세(谢谢)' 하였습니다. 알고 보니 정복을 입은 공안 남자 세 명과 퇴근 후 사복을 입은 여자 공안 두 명이었습니다. 최근 중국 호텔에서 커피를 제공하는 곳이 많아진 것을 생각하면 재미있었습니다.

열하일기를 따라서, 답사 5일 차

일자 : 2025년 4월 23일(수요일), 이동 거리 340km
숙박 : 진황도아각호텔(秦皇岛雅阁酒店, 0335-341-7777)

상처받은 영혼을 치료하는 의무려산

선대 회장인 이형석 박사는 『고조선 강역 연구』에서 "의무려산(醫巫閭山)을 장백산, 천산과 더불어 동북지역 3대 명산으로, 도교와 불교의 도량입니다. 중국 황실이 수천 년간 하늘에 제사 지내던 제천의 산으로, 의(醫)와 무(巫), 려(閭)로서 '치료하다'와 '무당', '마을의 문'의 뜻이며 만주어로는 '크다'라는 뜻이라고 합니다. 합치면 '세상에서 상처받은 영혼을 크게 치료하는 산'이란 뜻이다"라고 기술하였습니다.

『열하일기』에는 광개토대왕비 거란 정벌기에 군사를 거느리고 가서 토벌하였는데 부산(富山)을 지나 염수에서 3 부락과 6, 7백 영을 격파하였다. 부산을 의무려산으로 해석하였습니다. 저는 두 번째 답사로 석병대(石屛代) 망해사(望海寺)에 올라 멀리 발해를 바라보니 온 세상에 봄꽃이 활짝 피어 아름답고 온화한 기운이 신령함하여 저절로 치유되는 것 같았습니다. 연암은 1780년 7월 17일 배로 대릉하와 소릉하를 건넜다고 하니, 버스에서 바라보니 강폭이 상당히 넓어 보였습니다.

그림 74. 의무려산 건륭제 어필   그림 75. 의무려산 전경   그림 76. 석병대 망해사

조선군 파병의 아픈 역사를 품다

명나라의 제 일 저지선인 금주고성(錦州古城)을 찾았습니다. 이곳은 명나라 성으로, 현재 복원된 남문만 남아있습니다. 명나라와 청나라의 격전지이자, 조선군이 파견된 아픈 역사의 장소로, 1640년 청나라의 요청에 따라, 이듬해 인조 19년(1641년) 조선은 조총부대 1,500명을 파견하여 청나라군과 함께, 명나라 금주성 포위에 동원되었습니다. 청나라는 성경(심양)에 볼모로 잡혀 있던 소현세자를 참전시켜 조선군의 이탈이나 조선의 배후 공격을 미리 방지하려 했습니다.

『인조실록』 (인조 19년 9월 7일)에는 이 전투에서 사망한 한병(漢兵)이 매우 많았는데, 그중에 탄환에 맞은 자가 10명 중 7~8명이나 되었으며, 이때부터 한인(漢人)이 우리에 대한 유감이 컸다고 기록되어 있습니다. 이는 임진왜란을 통해 배운 조선군의 조총 사격 실력이 백발백중임을 보여줍니다. 연암은 "아아, 이곳이 옛 영웅들이 수없이 싸우던 터전이구나. 슬프다! 이곳은 명나라와 청나라 군사들이 격전하던 피비린내 나는 전쟁터이다. 백여 년이 지난 오늘에도 난리의 상처는 아물지 못하고 그때의 장렬한 격전의 자취를 생각할 수 있습니다"라고 했습니다. 또한 파진대적도(擺陳對賊圖)[3]에는 당시 조선군 전투 장면이 생생하게 묘사되어 있습니다.

그림 77. 금주고성

그림 78. 조선군 참전 모습. 파진대적도

임진왜란의 흔적이 있는 흥성고성

연암은 "1780년 7월 19일 독사부 영원위 고성 밖 묵었다"고 기록하여, 저는 독사부라는 지명을 찾느라 고생했습니다. 하지만 이곳 영원위 흥성고성(兴城古城)을 찾아가서 계요독사부(薊遼督師府)라는 현판을 보고 그 의문점을 해결하였습니다. '薊遼' 글자가 초서로 쓰여있어 '요'자를 몰랐는데, 열하일기에 '조 씨는 요계(遼薊)에서'라는 기록으로 알게 되었습니다. 성내에는 한창 보수 공사 중이라 먼지가 펄펄 날렸고, 길바닥을 뒤집어 놓아 걷기조차 어려웠습니다. 이곳은 큰 규모의 평지성으로, 사람이 많

---

[3] 파진대적도(擺陳對賊圖)
https://namu.wiki/w/%ED%8C%8C%EC%A7%84%EB%8C%80%EC%A0%81%EB%8F%84

이 살고 성황당과 문묘, 독사부, 상업 시설 등이 있어 마을 자체가 문화재 같았습니다. 산서성 답사 때 방문했던 평요고성과 비슷하지만, 시설은 미약한 편입니다.

『인조실록』에 "인조 17년, 흥성 바닷가로 조선 수군 6,000명을 12개월의 군량을 준비하여 전함을 갖춰서 얼음이 풀리는 2월까지 안주(安州) 등의 해변에 모이게 하라는 청나라의 파병 요청 지시가 있었습니다. 하지만 숭명반청(崇明反淸)으로 조선 군인이 싸우기를 거부하여 파병이 무산되었습니다."

『열하일기』에 "영원성 안 한길 가에 조가(祖家)의 패루(牌樓)가 마주 섰는데, 조대락(祖大樂, 조대수의 사촌동생)의 패루요, 또 하나는 조대수의 패루이다. 임진년(1592)에 왜란이 일어났을 때 조승훈(대수의 아버지)이 요동부총병(副摠兵)으로 기병 3천 명을 거느리고 맨 먼저 구원하러 왔던 사람이다"라는 기록을 통해 임진왜란의 흔적을 이곳에서 찾을 수 있었습니다.

연암이 7월 22일, 전소고성(前所古城) 밖에서 묵었다고 기록한 곳이라 찾아보려 했으나, 일정이 늦어져 방문하지 못해 무척 아쉽습니다. 저녁 식사를 하고 호텔에 들어오니 밤 10시가 넘었는데, 내일 이제 고리에서 제사를 준비로 고유문을 쓰다가 새벽 한 시나 되어서야 잠자리에 들었습니다.

그림 79. 흥성고성 거리 　　그림 80. 계요독사부 　　그림 81. 흥성 문묘

열하일기를 따라서, 답사 6일 차

일자 : 2025년 4월 23일(목요일), 이동 거리 383km
숙박 : 북경금봉대주점(北京金凤大酒店 010-8459-6363)

우리가 묵은 리조트 식 호텔은 북대하(베이다이허) 지역으로, 해변이 은모래로 발해만에 길게 뻗어 있는 중국 최대의 여름 휴양지이며, 매년 베이다이허에서 양회와 같은 정치 행위가 열리는 곳입니다. 식사 후 호텔 부근 해변에 있는 진시황이 방문했던 작은 포구를 찾아갔습니다. 소문대로 아름다운 해변이 펼쳐져 있었는데, 저는 늦잠을 자서 해변 산책을 하지 못해 아쉬웠습니다.

만리장성의 동쪽 끝, 노룡두와 산해관

노룡두(老龙头)는 발해만으로 연결되는 만리장성 끝으로, 바다와 어우러져 멋진 풍광을 자랑합니다. 산해관 장성(山海矣长城)을 찾아갔습니다. 이곳부터 관외 지역과 관내 지역으로 나뉘며, 북경까지 순탄한 도로가 건설되었습니다. 당 태종은 안시성에서 양만춘이 쏜 화살을 눈에 맞고 도망쳐 이곳에 와서야 안심했다고 전해집니다.

작년 실크로드 답사 때 장성의 서쪽 끝 가욕관(광화문)을 찾았는데, 올해 동쪽 끝인 산해관을 답사하니 감격스러웠습니다. 중국 최대 관광지답게 인산인해를 이루어 놀랐고, 성의 규모와 크기에도 다시 한번 놀랐습니다. 누각 현판에는 큰 글자로 '천하제일관(天下第一關)' 이라 쓰여 있었습니다. 이곳에 조선 사신들이 묵었던 조선관이 있었다고 하는데, 지금은 흔적을 찾을 수 없었습니다. 연암이 이곳을 통과할 때 엄격한 검문이 있었다고 기록했지만, 지금은 문을 막아두고 얼굴 인식과 여권 대조를 통해 돈을 받는 데 열심입니다.

『열하일기』에는 "만리장성을 보지 않고서는 중국의 큼을 모를 것이요, 산해관을 보지 못하고는 중국의 제도를 알지 못할 것이요, 관 밖의 장대를 보지 않고는 장수의 위엄을 알기 어려울 것이다. 또 벼슬살이도 이와 같아서 바야흐로 위로 자꾸만 올라갈 땐 한 계단이라도 남에게 뒤떨어질세라 혹은 남을 밀어젖히면서 앞을 다툰다. 그러다가 마침내 몸이 높은 곳에 이르면 그제야 두려운 마음이 생긴다"라고 하였습니다.

연암이 "아아, 슬프다. 몽염(蒙恬)이 장성을 쌓아서 되놈을 막으려 하였건만 진(秦)을 망칠 호(胡)는 오히려 집안에서 자라났으며, 서중산이 이관을 쌓아 되놈을 막고자 하였으나 오삼계는 관문을 열고서 적을 맞아들이기에 급급하였다"라고 한탄하며 명나라의 멸망을 기록하였습니다.

그림 82. 산해관 장성   그림 83. 장대 천하제일관   그림 84. 노룡두

백이 · 숙제 묘의 흔적을 찾아서

영평성 이제묘(伯夷叔齐墓, 永平府古城遗址望京门, 箕子朝鲜)는 은나라가 망하자 주나라 곡식을 먹지 않겠다며 백이 · 숙제 두 분 형제는 수양산에 들어가 고사리를 캐 먹다 굶어 죽었습니다. 연암은 1780년 7월 25일, 영평부의 이제묘에서 고사리를 준비하여 제사를 지냈습니다. 저는 이곳 하북성 진황도시 노룡현 영평부를 17년 만에 다시 찾아왔는데, 아쉽게도 성 주변에 도로가 생기고 이제정(夷齐井) 비석, 이제 고리 석판이 사라지고 없었습니다. 성안 주민들에게 물어보았지만, 이제 고리에 관하여 아는 사람이 없어 결국 성을 둘러본 후 옹성 안에서 제사를 지냈습니다.

『열하일기』에 "난하(灤河) 기슭에 자그마한 언덕을 '수양산(首陽山)'이라 하고, 그 산 북쪽에 조그만 성이 있으니 '고죽성(孤竹城)'이라 한다. 또, 영평도 역시 기자(箕子)가 수봉(受封)한 땅이다"라고 하였습니다. 인접한 곳에 새로 조성된 고죽문화공원(孤竹文化公园)도 둘러보았습니다.

산서성 영제시의 백이 · 숙제 묘…?

2023년 11월 26일(일요일) 산서성 영제시 답사 시에 백이 · 숙제 묘(伯夷叔齐墓, 山西省 永濟市 首阳乡长旺村南山1公里)를 찾아갔습니다. 당시 저의 기록을 보면 "도로에 주차하고 농로를 60m쯤 들어가니 과수원 한가운데 잡풀이 무성하고 반쯤 무너진 묘 2기가 토성 아래에 있다. 길 입구에 있는 표석으로 이제묘인 것을 알 수 있었다. 우리 답사회는 2007년 8월 화북성 난하 유역 지금의 진황도시 노룡현 영평부 고려성에 있는 백이·숙제 묘를 답사하여 나무로 세운 표석을 보았는데, 이곳에 또 있다니 어느 곳이 진짜 수양산(首陽山)인가 궁금하다. '이'와 '제'는 단군조선의 제후국인 고죽국의 왕자로 동이족이다"라고 적었습니다.

그림 85. 영제시 백이·숙제 묘 표석

저는 두 곳을 모두 답사하였는데, 어느 곳이 '진짜' 수양산인지는 단정하기 어렵지만, 두 지역 모두 백이·숙제의 고결한 정신을 기리는 장소임은 분명해 보입니다.

백이·숙제 제사 제문

維歲次

乙巳年 四月二十四日

영평성 이제묘(夷齊廟) 앞에서 고죽국의 절의로운 두 성현 백이(伯夷)·숙제(叔齊)를 기리며, 열하일기 답사단 대장 안동립은 삼가 고하나이다.

두 분께서는 은나라 말기의 혼란 속에서도 도리를 지키시고, 끝까지 군신과 형제의 의를 저버리지 않으셨습니다.

백이 공은 부왕의 유언에 따라 왕위를 사양하셨고, 숙제 공은 형을 따라 나라를 떠나시니, 의를 중히 여긴 뜻이 천하에 빛났습니다.

주 무왕(周 武王)이 나라를 치려 하자, 장례도 마치지 않은 채 칼을 드는 것은 효도도 아니요, 임금을 치는 것은 인(仁)이 아니라고 막으셨으니, 올곧은 정신은 시대를 초월해 전해집니다.

끝내 두 분께서는 새 왕조의 곡식도 입에 대지 않으시고 수양산에 들어가 고사리로 연명하며 절개를 지키다 돌아가셨습니다.

공자께서도 『논어』에서 "진정 인을 행한 자들"이라 높이 칭하셨습니다.

이에 저희 열하일기 답사단이 맑은 물로 손을 씻고 정성껏 음식을 마련하여 진설하오니, 백이 공과 숙제 공께서 이 미약한 정성을 받아주시고, 두 분의 인과 의의 정신이 오늘 이 자리에 함께한 이들의 마음에 다시 살아나기를 바랍니다.

아울러 저희 스물네 명은 연암 박지원 선생의 뜻을 이어받아, 실사구시와 절의의 정신이 이 시대에도 이어지도록 널리 흠향하시기를 삼가 원하옵니다.

伏惟

尚饗

백이·숙제 제사 제례

1. 집례 : "자리를 정돈해 주시기 바랍니다. 지금부터 고죽국 두 성현 백이·숙제 공을 기리는 제례를 올리겠습니다. 모두 정숙하며 공수 자세로 서 주십시오."

2. 초헌례 : "먼저 초헌례입니다. 초헌관 안동립 대장께서 첫 잔을 올리신 뒤, 독축관 최성미 선생의 축문을 부복하여 받들겠습니다."

→ (초헌관 나아가 → 잔 올림 → 부복)

→ (참석자들은 국궁: "모두 경건히 국궁 자세로 서 주십시오. 독축 낭독 시작")

3. 독축 (최성미) 종료 후 : "이제 초헌관께서 두 번 절을 올리시겠습니다."

→ (초헌관 공수 1, 배 2, 흥)

→ 초헌관 자리로 복귀

4. 아헌례 : "다음은 아헌례입니다. 아헌관 이우헌 선생께서 먼저 나아가 잔을 올리신 후 절을 올리시겠습니다."

→ (잔 올림 → 공수 1, 배 2, 흥)

→ "이제 아헌관 홍승원 선생께서 잔을 올리시겠습니다."

→ (잔 올림 → 공수 1, 배 2, 흥)

5. 종헌례 : "이제 종헌례입니다. 종헌관 이래현 선생께서 나아가 잔을 올리시고 절을 올리시겠습니다."

→ (잔 올림 → 공수 1, 배 2, 흥)

6. 삼헌례 (일동 절) : "이제 모두 함께 절을 올리겠습니다. 공수 후, 큰 절 두 번입니다."

→ (일동 공수 1, 배 2, 흥)

7. 폐식 : 일동 평신

"이상으로 제례를 모두 마쳤습니다. 두 성현의 절의와 인의 정신이 저희 모두의 마음에 오래도록 남기를 바랍니다. 모두 조용히 자리에서 일어나 주시기 바랍니다."

집례 : 김희곤

독축 : 최성미

집사 : 박석룡, 문부산

촬영 : 이효웅, 하영택, 황일만, 윤영일

준비 : 김완숙, 강경숙, 강명자, 엄수정, 안옥선, 이미선

제물 준비

술(궁인창), 고사리나물(강명자), 채리(김완숙), 딸기(조평규), 육포(김희곤), 대추, 사과(안동립), 인삼과(공동)

※ 집례(의식을 진행하는 사람)가 공수(공손히 손을 모음), 배(절), 흥(일어남) 또는 국궁(몸을 굽혀 인사함), 배, 흥과 같은 구령을 외치며 절의 동작을 안내합니다. 절이 끝나면 "평신"이라고 하여 모두가 똑바로 서는 동작을 지시하기도 합니다.

그림 86. 영평성 전경   그림 87. 백이·숙제 제사   그림 88. 옥전역

소설 호질의 배경 옥전현

1780년 7월 28일, 연암 박지원이 옥전현에서 벽 위에 한 편의 기문(奇文)을 베껴서 쓴 소설 호질(虎叱) 일부의 기록입니다. "정(鄭)의 어느 고을에 살고 있으면서 벼슬을 좋아하지 않는 척하는 선비 하나가 있으니, 그의 호는 '북곽선생(北郭先生)'이었다.… 그리고 그 고을 동쪽에는 동리자(東里子)라는 얼굴 예쁜 청춘과부 하나가 살고 있었다. 천자는 그의 절조(節操)를 갸륵히 여기고 제후(諸侯)들은 그의 어짊을 연모하여, 그 고을 사방 몇 리의 땅을 봉하여 '동리과부지려(東里寡婦之閭)'라 하였다.… 동리자는 이렇게 수절(守節)하는 과부였으나 아들 다섯을 두었는데 각기 다른 성(姓)을 지녔다. 어느 날 밤 그 아들 다섯 놈이 서로 노래처럼 된 말로서,

水北雞鳴(수북계명)	강 북편에 닭 울음소리
水南明星(수남명성)	강 남쪽엔 별이 반짝이네
室中有聲(실중유성)	방 안 소리 자아하니
何其甚似北郭先生也(하기심사북곽선생야)	북곽선생 어인 일고

하고는 성 다른 형제 다섯이 번갈아서 문틈으로 들여다보았다" 버스에서 호질의 내용 일부를 성우 같은 목소리로 '김완숙' 님의 낭독으로 연암 선생의 발자취를 되짚어 볼 수 있었습니다.

소설의 배경이 된 옥전현에서 연암의 흔적을 찾아보려 둘러봤는데, 아쉽게도 텅 빈 기차역만 마주할 수 있었습니다. 소설은 위선적인 선비 북곽선생과 동리자의 문란함을 꾸짖으며, 똥구덩이에 빠진 북곽선생을 바라보고 범이 구역질하고 '그 선비 구리도다'라고 풍자하여, 당시 조선 사회의 위선과 부패를 날카롭게 비판하고 있습니다.

이형석 박사는 『고조선 강역 연구』에서 『열하일기』에 "요동지역에 '평양'(平壤)이 있다는 내용이 등장한다.'라고 언급하며, 평야 지대인 요동지역에 평양이 있었다면, 평양은 '넓은 땅을 가리키는 보통명사'일 수 있다고" 하여 갈석산(葛石山)을 답사하려고 하였으나, 시간 제약으로 아쉽게도 포기해야 했습니다.

1780년 7월 30일, 연암이 경항대운하(京杭大运河)4)에서 수만 척의 배를 보았고, 통주에서 북경 조양문까지 돌을 깔아 도로 40리를 건설하여 쇠수레가 다녔다고 하였습니다. "강역에 닿으니, 강물은 넓고, 또 맑아 수 없는 배들이 몰려 대고 있으니, 장관은 만리장성의 놀라움과도 비할 만했습니다. 10만 척이나 되어 보이는 큰 배들은 모두 용을 그렸다. 또한, 길바닥에 죽 돌을 깔아 쇠수레 바퀴들이 마주치는 소리가 더욱 놀라워 사람의 심신을 뒤흔들어 오히려 불안케 만들었습니다" 라고 하였습니다.

오늘날에도 북경으로 진입하는 도로에 검문소를 여러 곳에 설치하여, 모든 차량을 엄격히 검문합니다. 외국인은 여권을 등록하고, 공안이 차량에 올라와 인원을 세는지 둘러본 후 20여 분 만에 통과하였습니다.

그림 89 경항대운하

---

4) 경항대운하 京杭大运河 古画
https://baijiahao.baidu.com/s?id=1799567393838288025&wfr=spider&for=pc

검문소에서 시간이 많이 지체되어 날이 어두워졌습니다. 버스에서 고속도로에서 보이는 경항대운하 항구의 화려한 야경을 바라보았습니다.

열하일기를 따라서, 답사 7일 차

일자 : 2025년 4월 25일(금요일), 이동 거리 199km
호텔 : 고북구고원금색주점(古北口古源金色酒店 010-6903-2388)

북경의 거리는 깨끗하고 빌딩 숲으로 세계 일류도시로 변모하였으나, 도로에는 구걸하는 사람이 목에 건 QR코드 인식표를 내밀고 있었습니다. 중국의 거지도 최첨단 스마트폰으로 결재를 받는 모습을 보며, 중국 사회의 변화에 웃음이 절로 났습니다. 연암은 1780년 8월 1일부터 5일까지 자금성 남서쪽에 있는 조선 사신이 묵는 조선관에서 머물며 여러 기록을 남겼습니다. 필자는 이번이 두 번째 방문이지만, 그 규모와 화려함에 다시 한번 감탄했습니다.

그림 90. 자금성 태화전

그림 91. 자금성 태화전

살아있는 박물관 자금성

천안문 자금성(故宮博物院 紫禁城)을 보려고 새벽 5시 30분에 일어나 7시에 출발했습니다. 8시 40분경 천안문이 보이지도 않는 '전문대가'에서부터, 줄 서서 지하차도 두 개를 지나고, 소지품과 가방을 철저하게 뒤지고 검색대를 통과했습니다. 안면 인식과 입장권을 확인하고서야 오전 10시 20분경 천안문 광장에 진입하여 자금성에 입장할 수 있었습니다. 여행사에서 입장권을 구매할 때 여권 사본을 요구하기에 이유를 물어보니, 실명제로 24장을 구매하는 데 어려움이 있었다고 합니다. 자금성은 하루에 총 3만 명(오전 1만 5천 명, 오후 1만 5천 명)만 입장시키는데, 중국 전역에서 몰려든 엄청난 인파와 일부 무질서한 사람들로 인해 불편함을 겪기도 했습니다.

저는 이번이 두 번째 답사인데, 그 규모와 크기에 다시 한번 놀랐고 화려함에 감탄이 절로 나왔습니다. 죽기 전에 꼭 한번 보아야 할 곳이라고 생각합니다. '정양문'을 배경으로 단체 사진을 찍고, '연희관'을 보면서 가이드 황 사장의 설명으로 소현세자가 귀국 전에 47일간 생활하며, 예친왕 도로곤과 의형제를 맺은 곳으로, 순치 황제의 삼촌이라 하였습니다.

자금성이 너무 크고 넓어서 관람하는데, 돌바닥에서 올라오는 열기에 온몸이 익는 것 같았습니다. 11시 40분경 '동화문'을 나오니 오전이 지나갔습니다. 다음에는 자금성을 보지 않겠다고 다짐했습니다.

연암은 황제에 관하여 "그의 성(姓)은 애신각라(愛新覺羅)요, 그 종족은 여진(女眞) 만주부(滿洲部)요, 그 위(位)는 천자(天子)요, 그 호(號)는 황제(皇帝)이고, 그 직책은 하늘을 대신하여 만물을 다스리는 것이었으며," 그리고 "이 글을 쓴 자가 조선에서 온 박지원이고, 쓴 때는 건륭 45년 가을 8월 초하루이다"라고 기록하였습니다.

왕부정 거리 : 20여 분 걸어서 왕부정(王府井) 우물터를 확인하고, 길 건너편의 천주교 동당을 지나면서 주변을 둘러보았습니다.

동악묘(東岳庙, 東嶽廟) : 자금성 동쪽 '동화문' 부근에 있는 도교 사원으로, 동쪽의 큰 산인 태산의 산신을 주신으로 모시는 곳입니다. 마침, 도사와 신도 10여 명이 두 줄로 서서 나팔을 불며 향을 피우는 곳까지 행진하는 모습을 볼 수 있었습니다. 그들이 한지 같은 것을 태우며 축원 식을 거행하여 매우 신기했습니다. 연암은 1780년 8월 1일 이곳을 찾아

『동악묘기(東岳廟記)』를 써놓았습니다.

그림 92. 왕부정 우물터   그림 93. 동악묘 대악전   그림 94. 관상대

관상대(观象台, 北京古观象台)[5] : 야외에 전시된 천문 기기들의 웅장한 크기와 규모에 감탄했습니다. 실내전시관 자료를 살펴보며 서양 선교사들의 학문적 수준이 인상적이었습니다. 연암도 우리처럼 서양 과학기술과 문명의 보고인 이곳 관상대를 둘러보았다는 사실에 놀라움을 금치 못했습니다. 또한, 야외에 전시된 천문 기기의 크기와 규모에 놀랐습니다. 실내전시관에 기록된 자료를 둘러면서도 서양 선교사들의 학문적인 수준이 대단하였습니다.

『열하일기』에 "뜰에는 여기저기에 관측하는 기계를 놓아두었는데, 모두 구리로 만들었다. 비단 이 기계들의 이름을 알 수 없었을 뿐 아니라, 만든 모양들도 모두 이상스러워서 사람의 눈과 정신을 얼떨떨하게 하였다. 대에 올라가니 성은 한눈에 굽어볼 만하였으나 수직하는 자가 굳이 막으므로 올라가지를 못하고 돌아섰다. 또, 부성문(阜成門)을 나와서 몇 리를 가니 길 왼편으로는 높은 전각이 있는데, 수직군에게 물어서 비로소 '이마두'의 무덤인 줄을 알았다. 아름답게 조각한 돌기둥을 세우고, 양각으로 구름과 용의 무늬를 새겼다. 그 앞에는 돌로 만든 패루와 돌 사자가 있으니, 이는 탕약망(湯若望)의 기념비이다" 라고 기록하였습니다.

○ 마테오 리치(이탈리아, 이마두(利瑪竇))는 예수회 선교사로 1580년에 중국에 도착하여 1610년까지 활동했습니다. 그는 선무문 안에 천주당을 세우고 서양의 천문학과 수학을 전파했으며, 명나라 만력제 때 중국 전역을 측량하여 '곤여만국전도'를 제작했습니다.

---

5) https://ko.wikipedia.org/wiki 네이버지식백과

○ 요한 아담 샬 폰 벨(독일, 아담 샬, 탕약망(湯若望))은 1622년에 중국에 도착하여 1666년까지 활동한 예수회 선교사입니다. 그는 천문학과 역법에 밝아 천문 기기를 제작했고, 청 순치제 때 흠천감 감정을 역임했습니다. 특히 소현세자가 베이징에 머물렀던 1644년 9월부터 11월까지 교류했습니다.

○ 페르디난트 베르비스트(벨기에, 남회인(南懷仁))는 1659년 중국에 도착하여 1688년까지 활동했습니다. 그는 강희제 때 흠천감을 역임하며 대포, '곤여전도', 천체 의기 등을 제작하는 데 기여했습니다.

그림 95. 관상대   그림 96. 이마두   그림 97. 남회인   그림 98. 아담샬

유리창 거리(琉璃廠) : 국내외의 모든 보화가 이곳에 쌓여 있는 곳으로 서적, 골동품, 지필묵을 파는 가게가 무려 27만 칸이라고 하였습니다. 이곳은 학문의 교류가 활발한 장소이자, 선진 문화로 나아가는 통로였습니다. 또한, 조선의 지식 창고로 천하의 지혜가 모이는 곳입니다. 연암은 1780년 8월 3일 "이곳을 지나고 보니 마치 옛 친구를 만난 듯싶다. 또, 정양문에서부터 가로 뻗어 선무문에 이르기까지의 다섯 거리가 모두 유리창이었다"라고 기록하였습니다.

천단(天壇) : 천단공원은 방문객들로 발 디딜 틈 없이 북적였고, 어깨가 부딪힐 정도였습니다. 이곳에는 황제가 하늘에 제사를 지내던 원구(圓邱)단이 있으며, 유네스코 세계문화유산으로 등재되었습니다.

남당 천주당 : 연암 박지원은 천주당의 성화가 정교하고 사실적인 기법의

보고 느낀 점을 상세히 묘사하였습니다. "천장을 우러러보니 수 없는 어린애들이 오색구름 속에서 뛰노는데, 허공에 주렁주렁 매달려 있는 것이 살결을 만지면 따뜻할 것만 같고, 팔목이며 종아리는 포동포동 살이 졌다. 갑자기 구경하는 사람들이 눈이 휘둥그레지도록 놀라, 어쩔 바를 모르며 손을 벌리고서 떨어지면 받을 듯이 고개를 젖혔다"라고 기록하였습니다.

남당은 천안문 서쪽 선무문역(宣武門) 사거리에 있습니다. 작년에 왔을 때 공사 중이라 접근조차 어려웠는데, 오늘 찾아가니 공사는 끝났으나 문이 잠겨 있었습니다. 아쉬운 마음으로 창문에 대고 사진을 찍으려 하자 직원이 나왔고, 한국에서 이마두 동상을 촬영하고 싶다고 설명하니, 입장을 허락해 주었습니다. 덕분에 남당과 이마두의 사진을 찍을 수 있었습니다. 북경 시내를 하루 종일 돌아다녀 몸은 지쳤지만, 뜻깊은 하루였습니다.

그림 99. 유리창 거리 　　　　그림 100. 천단 　　　　그림 101. 남당 천주교회

고려(高麗)는 애초에 고구리(高句驪)

『열하일기』에는 "길가의 구경꾼들이 지나는 곳마다 어린이가 떼를 지어 몰렸다가 일제히, 가오리(哥吾里)가 온다. 가오리가 오네, 가오리하고 부르니 이는 홍어(洪魚)가 아닌가 또, 수·당 때에도 고구리를 모두 '고리'라고 불렀으니 '고리'란 이름은 그 유래가 벌써 오래다. 또 '고구리'란 말은 『한서(漢書)』 지리지에 처음 나타났으며, 그들 조상은 금와(金蛙)인데, 우리나라 말로 와(蛙)를 개구리(皆句麗)라 하고 또는 왕마구리(王摩句麗)라 한다. 옛사람들이 몹시 질박하여 곧 임금 이름으로써 나라 이름을 삼고는 성을 그 위에다 씌워서 '고구리'가 된 것이다"라고 기록하였습니다.

서길수 교수는 『통일 코리아의 나라 이름(國號·國名) 연구 - 고리·

高麗、Kori(a)』 논문에서 "고구리(高句麗), 구리(句麗), 고리(高麗) 같은 나라 이름에 '麗'나 '驪' 음을 '례(한국의 려)'로 읽지 말고, 반드시 '리'로 읽어야 한다는 것이다"라고 하였는데, 연암이 245년 전에 쓴 기록이 논리적으로 정확함을 확인하였습니다.

보은단동(報恩緞洞)의 유래

보은단골은 조선 선조 때의 역관 홍순언(洪純彦)이 살았기 때문에 붙여진 이름입니다. 이상태 박사가 쓴 『여기가 "서울" 거기야』6)에는 "1584년 변무사 파견 때 홍순언이 명나라 예부시랑 석성의 부인이 보낸 편지와 예단 '보은단' 수십 필로 큰 부자가 되었다고 합니다. 그는 광국공신에 녹훈되어 당랑군에 봉해졌습니다. 이후, 보은단골이 고은담골, 곤담골, 미장동, 미동으로 불리게 되며 현재 을지로역 부근입니다. 다만, 미동초교는 미근동의 준말로 다른 의미를 가집니다.

『열하일기』의 「옥갑야화(玉匣夜話)」에도 같은 기록이 나옵니다. "당성군(唐城君) 홍순언은 명(明) 만력 때의 통역관으로서 명경에 들어가 어떤 기생 집에 놀러 갔었다. 기생의 얼굴에 따라서 놀이 채의 등급을 매겼는데, 천금이나 되는 비싼 돈을 요구하는 자가 있었다. 홍(洪)은 곧 천금으로써 하룻밤 놀기를 청하였다. 그 여인은 나이 바야흐로 16세요, 절색을 지녔다. 홍은 그를 몹시 불쌍히 여겨서 그에게 창관에 들어온 경로를 물었더니, 여인은 답하기를, '저는 남경 호부시랑 아무개의 딸이옵니다. 아버지께서 장물에 얽매였으므로 이를 갚기 위하여 스스로 기생 집에 몸을 팔아서 아버지의 죽음을 속하고자 하옵니다' 한다. 홍은 '이천 냥을 치르고는 작별하기로 하였다. 여인은 곧 홍을 은부(恩父)라 일컬으면서 수없이 절하고는 서로 헤어졌다.… 그 뒤에 또 중국을 들어갔는데, 연경에 이르자 '병부(兵部) 석노야(石老爺)께서 환영하며, 곧 석 씨의 사저로 인도한다. 석 상서(石尙書)가 맞이하여 절하며, '은장(恩丈)이시옵니까. 손을 이끌고 내실로 들었다. 그의 부인이 화려한 화장으로 마루 밑에

---
6) 『여기가 "서울" 거기야』 이상태, 20050103, 역사인 발행, 159쪽

서 절한다. 홍은 송구하여 어쩔 줄을 몰랐다. 석 상서는 웃으면서, '장인(丈人)께서 벌써 따님을 잊으셨나요.' 한다. 홍은 그제야 비로소 그 부인이 곧 지난날 기생 집에서 구출했던 여인인 줄을 깨달았다. 그는 손수 비단을 짜면서 군데군데 보은(報恩) 두 글자를 무늬로 수놓았다. 홍이 고국으로 돌아올 때, 그는 보은단(報恩緞) 외에도 각종 비단과 금은 등을 이루 헤아리지 못할 만큼 행장 속에 넣어 주었다.… 그 뒤 임진왜란이 일어나자, 석성이 병부에 있으면서 출병(出兵)을 힘써 주장하였으니, 석성이 애초부터 조선 사람을 의롭게 여겼던 까닭이다"라는 야화를 기록해 놓아 그가 살았던 곳 지명도 보은단골이라 불리게 되었습니다.

이별의 시

1780년 8월 5일 『열하일기』에 북경에서 승덕으로 떠나는 창대와 장복과의 이별을 보면서, 소현세자와 인조 임금의 이별을 이야기합니다.

排打羅其曲 (배타라기곡) 배가 떠나간다

碇擧兮船離 (정거혜선리)	닻 들자 배 떠난다
此時去兮何時來 (차시거혜하시래)	이제 가면 언제 오리
萬頃蒼波去似回 (만경창파거사회)	만경창파에 가는 듯 돌아오소

일야구도하기(一夜九渡河記)

북경에서 저녁 식사 후 버스에 오르자마자 저절로 눈이 감겼습니다. 고속도로를 달려 고북구(古北口) 가는 길에 밀운성휴게소를 들렀습니다. 이곳 주변 기록을 보면 1780년 8월 6일 "나흘 밤낮으로 걸어서 한밤중에 강을 9개를 건너 열하에 도착하였다." 〈일야구도하기(一夜九渡河記)〉에는 "지금 나는 밤중에 물을 건너는지라 눈으로는 위험한 것을 볼 수 없으니, 위험은 오로지 듣는 데만 있어 바야흐로 귀가 무서워하여 걱정을 이기지 못하는 것이다. 나는 이제야 도(道)를 알았도다. 마음이 어두운 자는 귀와 눈이 누(累)가 되지 않고, 귀와 눈만을 믿는 자는, 보고 듣는 것이

더욱 밝혀져서 병이 되는 것이다.…" 또한 "나흘 밤낮을 눈을 붙이지 못하여 하인들이 가다가 발길을 멈추면 모두 서서 조는 것이었다. 나 역시 졸음을 이길 수 없어, 눈시울이 구름장처럼 무겁고 하품이 조수 밀리듯 한다. 혹시 눈을 뻔히 뜨고 물건을 보나, 벌써 이상한 꿈에 잠기고, 심신이 피로하여 수저가 천 근이나 되는 듯 무겁고, 혀는 백 근인 양 움직이기조차 거북하다. 상에 가득한 소채나 적구이가 모두 잠 아닌 것이 없을뿐더러, 촛불마저 무지개처럼 뻗쳤고 광채가 사방으로 퍼지곤 한다"로 고단한 여정을 기록하였습니다.

고북구는 깊은 산골이라 밤이 되니 무척 쌀쌀했습니다. 엘리베이터도 없는 3층짜리 호텔은 여관 급이었지만, 자리에 눕자마자 세상모르고 깊은 잠에 빠져들었습니다.

열하일기를 따라서, 답사 8일 차

일자 : 2025년 4월 26일(토요일), 이동 거리 167km
호텔 : 승덕열하부주점(承德热河付酒店, 0314-2208-666)

금산령 만리장성에 올라서

이른 아침, 고북구에 있는 금산령 만리장성을 올랐습니다. 해발 380m 정도의 높이지만, 산 정상에 설치된 여러 개의 장대(將臺)와 산 능선을 따라 굽이치는 거대한 벽돌 성벽은 그 자체로 압도적인 위용을 자랑합니다. 성벽을 따라 오르는 계단 양옆이 아찔한 절벽으로 이루어져 힘차게 뻗어 나가는 성벽의 줄기는 아름다웠습니다.

『열하일기』에 "1780년 8월 7일, 밤 삼경에 조선 박지원이 이곳 장성에 이름을 쓰려고, 패도(佩刀)를 뽑아 벽돌 위의 짙은 이끼를 긁어내고 붓과 벼루를 행탁 속에서 꺼내어 성 밑에 벌여놓고 사방을 살펴보았으나 물을 얻을 길이 없었다. 밝은 별빛 아래에서 먹을 갈고, 찬 이슬에 붓을 적

시어 연암은 글자를 썼다." … 1780년 8월 11일 돌아오는 길에 고북구에 들렀습니다. "내 저번에 새 문을 나갈 때는 마침 밤이 깊어서 두루 구경하지 못하였더니, 이제 그와 반대로 대낮이므로 수역과 더불어 잠깐 모래 벌판에 쉬다가 곧 첫째 관(關)으로 들어섰다. 이 관은 천고의 전쟁을 치른 마당이므로, 천하가 한번 어지러우면 곧 백골(白骨)이 뫼처럼 포개어지게 되니, 이야말로 진실로 이른바 호북구였다."의 기록으로 두 번이나 들렀던 곳입니다. 연암의 기록처럼, 만리장성은 역사의 아픔과 인생의 덧없음을 되새기게 하는 장소였습니다. 답사단은 서둘러 승덕시로 출발하였습니다.

그림 102. 고북구 금산령 장성

그림 103. 보타종승지묘 경내

승덕시 정부의 극진한 환영 행사

승덕시에 들어서니 북경중성국제여행사(北京中圣国际旅行社) 손광휘 사장이 마중을 나와 1년여 만에 반갑게 인사했습니다. 점심을 먹고 '보타종승지묘'를 찾았습니다. 입구에서 승덕시 관광국 직원들이 '열하일기 답사단 방문 열렬히 환영'이라는 문구를 새긴 붉은색 플래카드를 가지고 우리를 맞이했습니다. 시 직원과 지역 신문기자, 그리고 '하북성 영화텔레비전그룹 제작사(河北影视集团天速电视剧制作有限公司)'에서 온 '열하일기 다큐멘터리 제작팀' 10여 명이 우리 답사단 방문을 열렬히 환영하며, 인터뷰와 촬영하였습니다. 또, 열하 지역 안내는 승덕시에서 파견한 용정 출신, 승덕관광대학교 한국어과 중국 동포 '이국복 교수'가 1

박 2일간 안내하였습니다.

우리도 긴 여정 끝에 열하에 도착하여 흥겨운 축하 길놀이를 펼쳤습니다. 이윤선 교수와 하영택 이장의 장구 장단에 맞춰 신명 나게 춤을 추고, 축하 노래로 엄수정 명창이 아리랑을 불러 흥겨운 시간이었습니다. 저녁 만찬은 승덕시 관광국 국장님의 초청으로 전통 음식점에서 황제의 식단이 준비되어 융숭한 대접을 받았습니다. 이어진 '강희대전' 공연 관람장 입구에서 공연 출연진 100여 명이 도열하여 특별 의전까지 받으며 입장하였습니다.

승덕시 정부의 속내를 정확히 알 수는 없지만, 중국이 모든 사항을 통제하고 관리하는 나라임을 고려할 때, 이번 답사단의 일정을 미리 보고받고 깊은 관심을 표명했다는 점입니다. 단순한 관광 목적이 아니라, 245년 전 연암 박지원의 발자취를 따라가는 '인문학 기행'이라는 점에 주목하여 취재하고 성대한 환영을 베푼 것으로 보입니다. 이러한 환대는 매우 고무적이며, 이번 답사에서 거둔 큰 성과라고 할 수 있으며, 연암이 1780년 8월 9일부터 8월 14일까지 이곳 승덕에 머물렀던 역사적인 시간과 우리의 답사가 겹치면서, 단순한 유적지 방문을 넘어선 특별하고 의미 있는 체험으로 기억될 것입니다.

그림 104. 보타종승지묘

그림 105. 수미복수지묘(須彌福壽之廟)

보타종승지묘(普陀宗乘之廟) : 열하에 있는 외팔묘(外八廟, 티베트 불교 사원), 보령사 등 12개의 사원 중 하나로, 티베트의 포탈라궁을 본떠 지은 매우 큰 규모의 사원이다. 흥미로운 점은 겉으로 보기에는 창문이 있는 듯 보이지만, 실제로는 모두 벽으로 막힌 사각형 창틀만 있었습니다. 건물은 큰 사각형 옹벽처럼 만들어져 내부로 진입하니, 벽 내부 안쪽으로 회랑식 전각이 있고 가운데 만수귀(萬壽歸)라는 전각을 지어 불상 대신 동태칠법랑라마탑(铜胎掐丝珐琅喇嘛塔)을 모셔 놓았습니다. 전각 위로 올라가는 나무 계단을 오르니 황금색 지붕이 인상적이었습니다.

연암은 1780년 8월 11일, 황제의 명으로 찰십륜포(札什倫布) 라마교 판첸라마 반선을 만나러 갔던 기록에서, 당시 조선은 '숭유억불' 정책으로 스님을 만나서 대충 절하는 장면을 "앉을 때 조금 허리를 구부리고 소매를 들고는 이내 앉으니, 군기대신은 얼굴빛이 황급해 보였지만 사신이 벌써 앉아버렸으니 또한 어쩔 수가 없는지라 숫제 못 본 체했다"라고 생생히 묘사되어 있습니다. 이곳을 나와 티베트 양식의 수미복수지묘(须弥福寿之庙)를 둘러보고 열하 문묘로 향했습니다.

그림 106. 관제묘

그림 107. 보타종승지묘 황금 지붕

그림 108. 보타종승지묘 창문

열하 문묘(热河文庙) : 공자를 모시는 곳으로, 현재 보수 공사로 문을 달아 일반인 출입이 어려웠으나, 승덕시 관광국의 협조로 문을 열고 들어가 답사할 수 있었습니다. 연암은 이곳 명륜당에 묵으며 황제를 알현하였습니다. 계속되는 일정에 지친 연암은 "1780년 8월 9일, 정사 머리맡에 술병 둘이 있기에 흔들어 보니, 하나는 비고 하나는 차 있었다. 달이 이처럼 밝은데 어찌 마시지 않으리. 마침내 가만히 잔에 가득 부어 기울이고, 불을 불어 꺼버리고서 방에서 나왔다. 홀로 뜰 가운데 서서 밝은 달빛을 쳐다보고 있노라니, 아아, 애석하구나. 이 좋은 달밤에 함께 구경할 사람이 없으니, 이런 때에는 어찌 우리 일행만이 모두 잠들었으랴. 도독부(都督府)의 장군도 그러하리라. 그렇게 생각하면서 나도 곧 방에 들어가, 쓰

러지듯이 베개에 머리가 저절로 닿았다"라는 기록을 보면 연암은 달빛 아래 술 한잔에 취해 홀로 사색에 잠기며 풍류를 즐겼던 애주가이자 문장가였던 것 같습니다.

관제묘(矢帝庙) : 1780년 8월 10일, 사신단이 1박 한 곳으로, 관우를 주신으로 모시는 사당입니다. 입장하여 내부를 둘러보았습니다.

그림 109. 열하 문묘

강희대전 공연 관람(康熙大典) : 산을 배경으로 만들어진 야외 공연장으로, 대략 3,000여 석 규모에 많은 관광객이 입장해 있었습니다. 해가 지면서 공연이 시작되는데, 입체 음향과 조명, 3D 영상을 혼합하여 400~500여 명의 출연진이 조직적으로 움직이며, 말을 타고 달려서 관객이 잠시라도 한눈을 팔 틈이 없이 빠르게 이야기가 전개되어, 공연을 보는 동안 큰 감동을 받았습니다. 죽기 전에 꼭 보아야 할 공연으로 추천합니다.

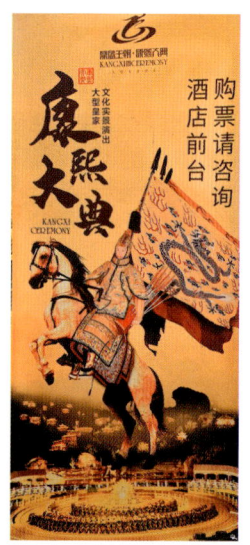

그림 111. 강희대전 공연

그림 112. 보타종승지묘에서 본 봉추산

그림 113 강희대전 공연　　　그림 114. 경추산(봉추산)　　　그림 115. 피서산장 입구 려정문

열하일기를 따라서, 답사 9일 차

일자 : 2025년 4월 27일(일요일), 이동 거리 234km
호텔 : 북경풍영군화(北京丰荣君华, 010-8146-3366)

열하에서 황제를 만나다

1780년 8월 13일, 건륭제의 만수절에 참석하기 위하여, 열하에 간 조선 사신단의 규모는 사신 10명, 수행원 64명으로 모두 74명이었고 말 55필이었습니다. 열하는 정치・군사적, 전략적인 필요로 건설되었으며, 몽골과 연합하여 준가얼 세력까지 점령했습니다. 매년 만주 팔기군과 몽골 팔기군이 목란에 사냥터를 조성하여 군사 훈련을 겸한 무력시위를 하였습니다.

　열하의 입구 여정문(麗正門)에 도착하니, 어제 만나서 취재하던 승덕시 관광국 관계자와 기자들과 관련 공무원 여러 명이 이른 아침인데도 나와 저희를 맞이하며 인사를 하였습니다. 오늘까지 이국복 교수가 안내하였습니다. 여정문 앞에서 우측 화단에 중국 정부에서 설치한 연암 박지원 비석을 찾았습니다. 큰 돌 한쪽 면을 다듬어 박지원의 공로를 소개한 비석을 세워 두었는데, 가이드 황일만 사장이 사전에 답사하여 비석을 찾는 데 무척 어려움을 겪었다고 하였습니다. 한문으로 새겨진 '朴趾源'이라는 이름이 '樸趾源'으로 표기되어 있어 '樸' 박자는 뜻이 다른 한자이다. (※중국에서 두 글자는 같은 뜻을 가진 한자로 樸의 간체자가 朴이다) 또 작은 안내판이라도 설치되었으면 좋겠다는 생각이 들었습니다. 여정문을 통과하여 내부로 입장하니 잘 조성된 큰 공원 같았고, 넓은 부지에 인공으로 만든 호수 여러 개가 이어져 있으며 많은 전각이 보였습니다. 그 규모와 작품성에 감탄을 금치 못하였습니다.

우리는 박지원 일행이 1780년 8월 9일부터 14일까지 6일간 열하에 묵으며 남긴 기록을 따라가는 답사를 하였습니다. 연암은 1780년 8월 11일 황제의 만수절에 참석하였는데, 당시 황제를 알현하였던 장소인 만수원 터를 찾아가니 비석과 잔디가 깔린 넓은 평지였습니다. 황제를 만나는 장면을 『열하일기』에는 "황제가 정문으로 해서 문 안의 벽돌을 깔아 놓은 위에 나앉았다. 교의와 탁자도 내오지 않고, 다만 평상에 누런 보료를 깔았으며, 좌우의 시위는 모두 누런 옷을 입었는데, 그중에서 칼을 찬 자는 서너 쌍에 불과하고, 누런 일산을 받들고 선 자는 두 쌍이다. 그들은 모두 엄숙한 표정으로 조용하다. 사신과 세 통사(通事)를 나오라 하매 모두 나아가 무릎을 꿇었다. 이는 무릎이 땅에 닿을 뿐, 뒤를 붙이고 앉은 것은 아니다.

황제가, '국왕(國王)께서 평안하신가?' 하고 물으니, 사신은 공손히, '평안하옵니다' 하고 대답하였다. 황제는 또, '만주말을 잘하는 이가 있는가?' 하매, 상통사(上通事) 윤갑종(尹甲宗)이, '약간 아옵니다' 하고 만주말로 대답하였더니, 황제가 좌우를 돌아보며 기뻐하며 웃었다. 황제는 모난 얼굴에 희맑으면서 약간 누런 빛을 띠었으며, 수염이 반쯤 희고, 나이는 예순쯤 된 듯싶다. 애연히 춘풍화기를 지녔다"라고 상세히 묘사하였습니다.

그림 116. 5개의 문자로 쓴 여정문

그림 117. 피서산장 현판

승덕 피서산장 열하 비석(承德 避暑山庄, 乾隆行宮) : 황제의 별장으로, 사철 뜨거운 물이 나오는 열하 지역에 인공호수를 만들어 피서산장을 지었다고 합니다. 입구 현판 글자인 여정문(麗正門)에는 몽골어, 위구르어, 한어, 티베트어, 만주어 등 5개의 문자로 쓰여 있습니다. 이는 이민족의 화합을 위한 외교 전략의 일환이었는데, 황제는 몽골식 가옥인 만수원을 짓고 피서지로 사용하며, '사원 하나를 지으면 10만 명을 이길 수 있다'라는 신념으로 화합을 통하여 청나라의 변방을 안정시켰습니다.

호수 건너편 먼 산 위에 큰 바위가 추처럼 거꾸로 서 있는데, 원래 이름이 봉추산(捧搥山)이었습니다. 강희황제가 이를 경추산(磬搥山)이라고 고쳐 이름 지었다고 합니다. 호수 사이로 만들어진 길을 따라가니 사신을 맞이하는 만수원 터가 나왔고, 조금 지나니 열하(熱河) 입석이 보였습니다. 이곳에서 연암을 다시 만나는 순간이었습니다.

그림 118. 열하 인공 호수 　　그림 119. 방송 취재 　　그림 120. 쌍탑사

열하일기를 따라서, 답사 10일 차

일자 : 2025년 4월 28일(월요일)

북경공항으로 이동하여, 북경 출발~인천 도착 (10:40~13:50) 예정인 아시아나 항공 OZ332편은 관제탑 지시로 기내에서 80분을 대기한 끝에 12시 5분에 출발하여 14시 40분에 인천제1국제공항에 도착하였습니다. 답사단이 10일간의 강행군으로 2,390km를 달렸습니다.

단동부터 흥성고성까지는 국도로 이동했습니다. 작은 마을을 통과하다 보니 오토바이, 승용차, 농기계, 자전거, 개, 사람의 무단횡단 등으로 무질서하게 뒤엉켜 급정거와 서행을 반복하며 일정이 늦어졌고, 이후 고속도로를 이용하여 달려도 매일 밤 9시가 넘어서야 호텔에 들어갈 수 있었습니다. 버스로 이동하여도 이렇게 힘이 드는데, 창대와 장복은 5개월간 7,620리(3,048km) 길을 짚신 신고 걸었으니 고통이 얼마나 심했을까 하는 생각이 듭니다.

연암의 예리한 관찰력과 시대를 앞선 기록 정신에 깊은 감탄을 금할 수 없었습니다. 실학을 통하여 청나라가 받아들인 서양의 과학기술과 선진 문물, 종교까지 조선의 지식인들에게 소개되어, 새로운 문화의 기초가 되었습니다. 우리 고조선유적답사회가 연암 박지원 선생의 방대한 기록인 『열하일기』를 길잡이 삼아 그의 생생한 발자취를 따라가는 소중한 경험을 하였고, 중국의 풍경과 문물뿐만 아니라, 연암 자신의 솔직하고 해학적인 면모를 엿볼 수 있었습니다. 245년 전의 기록을 찾아간 답사는 시공간을 뛰어넘어 열린 세상으로 가는 보물 같은 인문학 기행이었습니다.

2025년 6월 10일, 소사에서… 안동립 씀

그림 121. 강희대전 공연장 입장

※ 아래의 글은 전남일보에 기고한 기사입니다

열하에서 온 편지

글 이윤선(전 국립목포대학교 교수)

全南日報

이윤선의 남도인문학〉선택 아닌 균형의 길… '진짜 대한민국' 의 문 열어야

"무릇 갓난아기가 어머니의 태중에 있을 때 캄캄하고 막혀서 갑갑하게 지나다가, 갑자기 넓고 훤한 곳에 터져 나와 손을 펴고 발을 펴매 그 마음이 시원할 것이니, 어찌 한마디 참된 소리를 내어 제멋대로 외치지 않으리오. 그러므로 우리는 의당 저 갓난아기기의 꾸밈없는 소리를 본받아서 저 비로봉(毗盧峯) 산마루에 올라가 동해를 바라보면서 한바탕 울어볼 만하고, 장연(長淵, 황해도의 고을) 바닷가 금모래 밭을 거닐면서 한바탕 울어볼 만하며, 이제 요동 벌판에 와서 여기서부터 산해관(山海關)까지 1천 2백 리 사방에 도무지 한 점의 산도 없이 하늘 끝과 땅 변두리가 맞닿은 곳이 아교풀(膠)로 붙인 듯, 실로 꿰맨 듯, 고금에 오가는 비구름만 창창할 뿐이니, 이 역시 한바탕 울어볼 만한 곳 아니겠소" 하였다. 1780년 7월 8일 갑신(甲申), 박지원의 '열하일기' 중 '好哭場論(호곡장론)' 일부다.

비좁은 조선을 벗어나 가도 가도 평야와 구릉인 옛 고구려 땅, 요동 벌판에 이르렀기에 내지른 호연지기일까? 연암의 호방함에 비추어보건대 이 정도의 인식만으로 한바탕 울 만하다 했을 리 없다. 비로봉과 장연의 금모래 밭을 어머니의 태중에 견주어 노래한 것은 출생의 울음을 인유(引喻)한 것이다.

출생이 한 세계의 장례와 또 한 세계의 세례로 이어지는 생사 교직의 우주적 사건이라는 점에서 이 울음의 향방을 짐작할 수 있다. 어머니의 자궁문을 나서며 지축이 흔들리는 울음으로 세상을 시작하는 갓난아이, 나는 늘 탯줄의 마음자리를 얘기할 때마다 이 울음이 한 세계를 장례 지내는 슬픔의 울음이요 또 한 세계를 창조하는 환희의 울음이라고 비유하곤 했다. 내 생각이 여기에 이르렀으니 연암이 어머니의 태중을 나서며 한바탕 울어볼 만하다고 한 까닭을 어찌 허투루 넘기겠는가.

명나라에서 청나라로 건너가는 실용주의, 대명 사대주의 주자학을 성찰하고 서학을 버무린 북학으로 뛰어넘는 심연의 울음, 연암의 호방함 속에 스민 이 두 겹의 눈물을 어찌 주목하지 않겠는가.

지난번 나는 안동립 대표가 이끄는 고(옛)조선유적답사회를 따라 열하일기 루트를 답사하고 왔다. 연암이 걸었던 길을 그대로 따라 걸으며 놓치고 온 기억을 찾아내고자 했다. 내가 확인한 두 겹의 눈물 속에 경탄과 비애가 겹친 복합적인 감정이 있었다.

경탄은 청나라의 선진 문물에 대한 것이고 비애는 소현세자를 비롯한 역사적 굴욕과 민족적 슬픔에 대한 것이었다. 박지원은 이 한바탕의 울음을 통해 명나라를 사대하는 명분론적 위선과 고립주의의 벽을 넘어서고자 했고, 청나라의 상공업, 교통, 기술, 제도 등 조선의 현실과 비교할 수도 없이 발전한 세계를 받아들이고자 했다. 하지만 연암이 열하일기를 쓴지 백 년도 지나지 않아 조선은 망국의 길로 접어들고 말았다. 왜 그랬을까? 누가 그랬을까? 역사에 가정은 없다지만, 17세기 소현세자(1612~1645)가 왕위를 이어받았더라면, 실학을 내세웠던 북학파들이 주류가 되어 나라를 이끌었다면, 부질없는 회한이 한없이 밀려옴을 어찌할 수가 없다

그림 123. 소현세자와 조선 군인들이 파병되었던 명청전쟁지 송금전투 금주성지

그림 124. 옛 열하, 지금의 허베이성 청더시 피서산장 입구에 세워진 박지원 기념비와 답사단

그림 125. 금산령 장성

연암의 두 겹 울음과 북학파들의 실학

열하일기 루트 중 내가 주목했던 곳은 연암이 소설 '호질(虎叱)'을 베껴 썼다고 하는 옥전(玉田)이였다. 지금은 작은 기차역 마을에 지나지 않아 옛 정취는 찾을 길 없다. 그래도 내게는 연암의 체취라도 있는 듯 반가웠다. 한문 단편소설 '호질'의 내용을 여기에 리뷰할 필요는 없지만 호랑이를 통해 조선 유학자의 위선을 신랄하게 꾸짖는 내용이라는 점에서 본인이 창작한 것을 일부러 베껴 썼노라 눙쳤던 것은 아닌지 의심된다.

사실 '열하일기'의 집필 목적이 그러했다. 1780년(정조 4년) 중국 청나라에 가는 사신들을 따라 의주, 북경을 거쳐 지금의 허베이(河北)성 청더시(承德市) 즉 옛 열하(熱河)까지 다녀온 기행문을 넘어선다는 뜻이다. 청나라 건륭제의 70세 만수절(萬壽節)을 축하하기 위한 사절단이었는데 당시 황제들이 주로 열하의 피서산장(避暑山莊)에 머물렀기 때문에 예까지 들르게 된 것이다.

열하 사절은 이외에도 1790년 건륭제 80세 사절단과 1860년 등 두 차례 더 있다. 장소 얘기는 기회가 되면 풀어보기로 하고 우선 실학을 표방했던 북학파에 대해 언급해 둔다. 북학파는 담헌 홍대용(1731~1783), 연암 박지원(1737~1805), 초정 박제가(1750~?) 등이 대표적이다.

연행사로 북경을 왕래하면서 기록을 남겼다는 공통점이 있다. 안재순은 '조선 후기 실학의 주체성 문제 - 박지원, 박제가, 정

그림 126. 자금성

약용의 북학론을 중심으로-'(동양철학연구 40집)에서 이렇게 말한다. "이들은 연행을 통해 서양의 예수회 선교사들과도 조우하며 서양 과학에 깊은 관심을 갖고 인식의 지평을 넓힌다.

넓은 세계와의 만남을 통해 낙후된 조선의 현실을 뼈저리게 직시하고 그를 탈피하기 위해서는 북학이 절실히 필요하다고 믿는다. 북학은 곧 당시 선진국이었던 청나라의 문물, 문화의 자극에 대한 적극적인 대응 논리이다. 북학에서 보면 기존의 닫힌 사상 체계=성리학은 허학으로 부정되며 개혁해야 할 대상이고, 선진적인 청의 문물은 마땅히 수용해야 할 지고의 목표이다. 전자의 경우 홍대용에게까지 그 범위를 설정할 수 있으나, 후자의 경우는 박제가, 박지원에 이르러 본격화된다."

대체로 '열하일기'의 가치를 들라면 18세기 말 북경과 제2의 정치 수도였던 열하의 피서산장을 자세하게 기록한 견문록이라는 점, 티베트 판첸라마와의 만남, 몽골에 대한 청의 종교적 전략 등을 파악할 수 있는 사료라는 점을 꼽는다. 하지만 소설 호질에서 분명하게 알 수 있듯이 연암의 글쓰기야말로 주목해야 할 지점이다.

연암의 문학 창조라고나 할까. '열하일기'가 단순한 견문록이나 기행문이 아니라 풍자, 해학, 패러디 등의 기법을 동원한 현실 개혁의 무기로 기능했기 때문이다. 당대의 성리학적 글쓰기의 경직성에서 벗어난 리버럴한 산문형식이라고 할까. 여기에 조선의 정치, 경제, 사회 시스템 개혁에 대한 자료 수집은 물론 사상적 정리까지 포괄했으니 그 성과가 얼마나 큰가. 자세한 내용은 기회가 되면 차차 풀어보기로 한다. 안동립 대표 및 동행했던 길동무들에게 감사의 말씀 전한다.

그림 127. 남도일보

남도 인문학 팁

글 이윤선(전 국립목포대학교 교수)

21세기 한·중·미, 다시 열하의 거울 앞에서

『열하일기』는 청나라라는 외부 세계를 조선의 거울삼아 스스로 돌아보게 하려는 문명적 자기성찰의 기록이라 할 수 있다. 조선 지식인들에게 '오랑캐에게도 배울 것이 있다'는 현실감각을 일깨우기 위한 방편이었던 것이다. 오늘날 우리는 다시 연암이 한바탕 울만하다고 했던 '호곡장(好哭場)'에 서 있다. 미국과 중국의 세기적 대결이 펼쳐지고 있기 때문이다.

21세기의 미국은 자유와 민주, 보편적 가치를 표방하지만, 조선이 사대했던 명나라에 비교할 만큼 많은 문제점을 안고 있다. 반면 중국은 마치 오랑캐의 이미지처럼 폄훼되고 있지만, 그때의 청나라처럼 눈부신 발전을 이룩했고 국제적 중심축을 넘보고 있다.

연암의 때에 비유컨대 미국은 명나라, 중국은 청나라다. 지금 우리는 이들 사이에서 선택이 아닌 균형의 길, 곧 북학파들이 얘기하던 실학적 현실 인식을 실천할 지점에 와 있다. 240여 년 전 박지원은 조선을 위해서 한바탕 울고자 했다. 현실감각, 냉철한 관찰, 무엇보다 조선에 대한 깊은 애정을 해학과 풍자에 실어서 말이다.

나 또한 요동을 건너 열하를 돌아 나오며 한바탕 울음을 울만하다고 느꼈던 것은 명나라와 청나라를 견주던 연암의 마음자리가 지금의 미국과 중국을 견주는 내 마음에 와닿았기 때문일 것이다. 김대중 대통령이 제안했던 서생의 문제의식과 상인의 현실감각을 가장 내실 있게 갖추었던 이가 연암 박지원 아니었을까?

우리는 도랑에 든 소이니, 양쪽 언덕의 풀을 취해야 한다. 연암의 편지를 읽자니 북받쳐 오는 울음과 겹치는 것들이 왜 이리 많은지, 여러 겹의 울음을 한바탕 울고 나서야 '진짜 대한민국'의 문을 열어젖힐 수 있을 듯하다.

수양산 백이·숙제와 고사리

글 강명자(임실군 향토사 연구원)

영평성에 들다

입구에 들어서자 웅장한 성벽이 먼저 답사단을 제압 한다. 몇백 년이 되었는지 모르지만, 영평성 성벽이 거대한 태산처럼 느껴졌다. 성안으로 마을이 끝도 없이 길게 이어져 있는 대낮인데도 햇빛만 졸고 있을 뿐 고요하다. 간간이 촌로 한두 명이 자전거를 타고 지나갈 뿐이었다. 늙어가는 것은 사람만이 아니다. 늙어간다는 것은 모든 것이 잘 익어간다는 의미이다. 성벽이 그렇다. 수백 년 늙어갈수록 마치 수도하는 성자처럼 고요하고 깊어진다. 견고하게 쌓아 올린 성벽은 그 시절 수많은 백성의 노고가 배여 있었다. 빈틈없이 완고한 성곽은 영원무구 할 것 같다.

그림 128. 영평성 이제 고리

백이·숙제 이야기

고사리를 이야기하려면 백이·숙제의 이야기를 쓰지 않을 수 없다. 이제의 고향은 고죽국(孤竹國)이고 무덤은 수양산이라 했다. 난하(灤河) 기슭에 자그마한 언덕을 수양산이라 하고 그 산 북쪽에 조그만 성이 있으니 고죽성(孤竹城)이라 한다.

고죽국 묵 태초는 삼남 숙제에 군주 자리를 물려주려 했다. 백이는 부친의 뜻을 따르고자 했지만, 숙제는 관례에 따라 큰형 백이에게 왕위를 양보했다. 이에 백이는 막내아우를 아낀 부친의 뜻이라며 사양하고 나라 밖으로 피신해 버렸다. 이에 숙제도 형제간의 의리를 지키기 위해 형을 따라 도망쳐 버리는 바람에 그 나라 사람들은 어쩔 수 없이 둘째 아들 아빙을 왕으로 세웠다.

이후 백이와 숙제는 서백의 아들 무왕이 부친의 상중에 은나라 주왕을 정벌하는 것을 보고 경악했다. 그리고 무왕의 수레 말고삐를 잡아 막으며 아버님이 돌아가신 후 아직 장사도 지내지 않았는데 전쟁할 수는 없지 않은가? 주나라는 상나라의 신하 국가인데 신하가 임금을 주살하려는 것을 어찌 인(仁)이라 할 수 있겠는가? 라며 만류하려다가 목숨을 위협받았다. 그나마 형제를 죽이려는 무왕과 신하들을 만류하며 "강태공이 이들은 의인들이니 죽여선 안 된다"라고 변호를 하고 이들을 두둔하여 죽음을 면했다.

이후 희발은 상나라를 평정하고 주나라의 무왕이 되었다. 그러나 백이와 숙제만은 주나라의 백성이 되는 것을 부끄러이 여겼다. 지조를 지켜 주나라의 곡식을 먹지 않았다. 고죽국 영주로 받는 녹봉 역시 받을 수 없다며 수양산으로 들어가 고사리를 캐 먹으며 연명했다.

이때 왕미자라는 사람이 수양산에 찾아와 백이와 숙제를 탓하며 "그대들은 주나라의 녹을 받을 수 없다더니 주나라의 산에서 주나라의 고사리를 먹는 일은 어찌 된 일인가" 하며 책망하였다. 이에 두 사람은 고사리마저 먹지 않았고 마침내 굶어 죽게 된다.

주나라의 곡식을 먹느니 굶어 죽기 택하는 지조와 절개에서 고사성어 불식주속(不食周粟)이 나왔다. 이후, 백이와 숙제의 이야기는 끝까지 두 임금을 섬기지 않고 충절을 지킨 의인들을 가리키는 표현으로 사용되어 중화권의 문헌에서 여러 차례 언급된다.

주나라 건국 이후 후일담 격으로 나오는 일설 중에는 이런 얘기도 있다. "백이와 숙제가 수양산에서 고사리를 캐어 먹다가 산나물 캐러 다니던 아낙네에게 "왜 주나라 산에서 고사리를 먹는가." 소리를 들었는데 처음에는 불쾌하게 여기고 무시했다가 나중에 학식이 높은 어떤 사람이 이를 똑같이 지적하자 그제야 오류를 인정하고 식음을 전폐한 뒤 아사했다." 훗날 명(明)의 헌종 순황제(憲宗純皇帝) 때에 백이에는 소의청혜공(昭義淸惠公), 숙제에는 숭양인혜공(崇讓仁惠公)이란 시호를 주었다.

백이·숙제에게 올린 제례

출국하기 며칠 전 안 대장(안동립)으로부터 전화가 왔다. 답사 중에 수양산에 가서 백이·숙제 제를 지낼 이벤트를 준비합시다. 우리가 일삼아 가기 어려운 곳이니 이번 답사 중에 들렀다가 가는 곳이니 이왕이면 백이·숙제 뜻을 기리며 제례를 올리자는 제안이었다. 좋은 의미라고 흔쾌히 대답했다.

백이·숙제가 주나라 곡식을 먹지 않겠다고 고사리만 먹으며 산속에서 은둔하며 지냈는데 그것도 주나라 것이라 하여 먹지 않고 아사를 했으니, 백이·숙제가 마지막 식량으로 먹었던 고사리를 준비해서 가져가면 어떻겠냐고 했다.

필자는 시골 산에서 살고 있어서 자연산 고사리는 마음만 먹으면 얼마든지 꺾을 수 있었다. 첫 고사리를 수확해서 봄볕에 말려 두었는데 다행이었다. 요즘 방에서도 가끔 길을 잃어 하룻밤 지나면 기억을 잊어버릴까 싶어 통화를 끊고 곧바로 말린 고사리 한 줌을 준비해서 미리 가방에 넣었다. 4월 17일 짐을 꾸리면서 트렁크를 몇 번을 확인하고 01시 30분에 임실에서 인천발 리무진에 탑승했다. 일행을 만나 공항에서 대련으로 출국을 했다.

그림 129. 영평성 내부   그림 130. 영평성 마을   그림 131. 전돌로 쌓은 성벽과 돌 바닥

대련에서부터 답사하던 중 닷새째 되는 날 내일 수양산에 갈 것이라고 했다. 긴 여정을 마치고 호텔 숙소에 들어가 전기 포트에 물을 끓였다. 포트에서 물 끓는 소리가 고요한 방안을 뒤흔들었다. 마치 겨울 밤바람 소리처럼 한바탕 회오리를 쳤다. 증기기관처럼 김을 뿜어내며 깊은숨을 토해내더니 우는 아이 잠들 듯 이내 잦아들었다. 포트에 고사리를 넣고 부드럽게 퍼지기를 기다렸다. 찻물 두 잔 정도 끓일 정도로 포트가 작아서 또 한 번의 폭풍 같은 바람을 일으키고 남은 고사리를 넣었다. 잘 삶아진 것 같아 찬물에 담가두었다.

백이·숙제를 만나다

오늘은 답사 6일째다. 아침에 삶은 고사리를 만져보니 부드럽게 잘 삶아져서 마음이 흡족했다. 찬물에 몇 번 씻어 꾹 짜서 물기를 제거했다. 이미선 선생이 과일 그릇으로 쓰려고 가져온 용기에 준비해온 함초 소금을 넣고 간이 잘 배도록 용기에 넣어 흔들었다. 함초 소금은 적당히 양념 없이도 맛을 낼 수 있는 소금이다. 간이 잘 맞아 맛이 그런대로 좋았다.

전설 같은 혼령에게 올린다는 생각에 소홀하게 다루면 안 된다는 게 우선이었다. 수양산 이제를 뵈러 간다는 생각이 들떠 있었다. 책으로만 읽고 알고 있을 정도여서 이쪽 사정을 아무것도 모르고 있었다.

짐을 정리하고 버스에 승차했다. 수양산이 산언덕에 있을 거로 생각하고 미끄러질까 조바심으로 신발 끈을 조여 맸다. 4월 하순 오후 아직도 해가 중천에서 꼼짝 안 하고 열과 빛을 발하고 있었다. 아직은 덥고 뜨거워질 시기가 아닌데도 더웠다. 양평성 앞에서 내려 길을 따라 들어갈수록 산은 찾아볼 수 없고 거대한 성문이 버티고 있었다.

성안으로 접어들자 중국에서만 느낄 수 있는 웅장함 거대함 앞에 주눅이 들었다. 성안은 마을이 있었고 평범한 민간인이 사는 집보다 담장이 훨씬 높아 마을도 마치 거대한 성처럼 느껴졌다. 성안에 담장은 외부에 들키지 않으려고 요새처럼 높고 깊었다. 마치 마을이 요새의 동굴 같은 느낌이었다.

우리가 사는 지역은 성을 볼 수 없다. 외지로 나가야만 볼 수 있는 성벽은 이곳보다 높지 않아 그래서 더욱 주눅이 든 것 같다. 중국의 성벽이 거대한 산처럼 보일 수밖에 없었다. 이곳이 성터라 마을 입구도 모두 성처럼 담이 높았구나 하는 생각이 들었다. 성안으로 들어와 이·제 묘비를 찾느라 사방을 살피는데 묘비 그림자도 없었다. "여기쯤 있었는데 어디로 옮겨졌나" 하며 안 대장은 주변을 살피면서 "조금 더 들어가 봅시다. "했다. 나이를 가늠할 수 없는 노인 몇이 그늘을 의지하고 쉬고 있었다." 여기 어디쯤 백이·숙제 비석이 있었는데 어디로 옮겼냐고 물으니 노인들은 잘 모른다고 대답했다. 마을 앞 작은 공터에 이정표 같은 비가 있었다. 우리가 찾는 비가 아니었다.

일행은 길게 이어진 길을 따라 찾는 데 주력을 했다. 20분 이상 길을 따라가다가 여기는 아닌 것 같다. 라고 의견이 모아지고 다시 되짚어 돌아 나왔다. 안 대장은 예전에 왔을 때 바로 이곳에 있었는데, 없어졌다며 전에 촬영했던 사진을 펼쳐 보였다. 그런데 그때와는 지형이 바뀌었고 언덕은 사라져 버렸다. 옆으로 흙더미가 있는데 금줄을 길게 매고 출입금지라 붙어놓아 접근하기가 어려웠다.

백이·숙제가 살았던 그때는 이곳이 수양산이었다. 세월이 흐르면서 산은 무너지고 군사적 요충지로 거대한 성을 쌓고 적과 대적을 했던 성곽만이 오랜 시간을 증명했다. 안 대장은 바로 이곳에 있었는데 하면서 안타까워했다. 백이·숙제의 비를 찾지 못한들 어떤가. 이곳이 이제의 묘가 있던 수양산인데 모두 뜻을 같이했다. 조선의 성삼문은 수양산 쪽을 바라보며 마치 곁에 이제가 있는 것처럼 여기며 섬겼는데 우리는 지금 현장에

와서 비를 찾지 못했다고 안타까워할 일은 아니었다.

필자 개인적인 생각으로는 양평성 이곳에 온 것만으로도 감사했다. 조선 시대 전국에서 궐을 향해 예를 올리는 장소는 모두 다르겠지만 우리 지역은 명절이 되면 전주풍패지관(全州豊沛之館)에서 직접 궐을 찾아가지 못하고 임금이 계신 곳 북쪽을 향해 머리를 조아리며 예를 올리지 않았던가. 이제묘가 있던 곳에 지금 우리가 있지 않은가. 감격스럽고 감동이 밀려 왔다. 풍패지관(豊沛之館)은 한나라 유방의 고향이다. 전주는 태조 어진이 모셔진 경기전이 있는 곳이다.

일행들은 성문 안 성벽 가까이에 자리를 정하고 정성을 담아 준비한 음식을 모아 진설을 했다. 청주·고사리·채리·딸기·대추·사과·육포 등 골고루 준비했다. 진설(陳設)할 때 접시에 담아냈는데 적지도 많지도 않은 양이어서 다행이었다. 곡기를 끊고 고사리만 먹다가 그나마 마지막에는 고사리도 주나라 것이 아니냐는 소리를 듣고 죽음을 맞이할 때까지 식음을 전폐하여 아사했기에 더 이상의 제물은 사치이고 불필요한 것이었다. 제례집행위원들은 집례 – 초헌례 – 독축 – 아헌례 – 종헌례 – 삼헌례 순으로 예를 올렸다. 전설 같은 인물들이지만 그들의 올곧은 충(忠)을 우러르며 진심으로 예를 올렸다. 백이·숙제가 내린 청주를 받아 음복했다.

그림 132. 영평성 남문

그림 133. 제사 상차림

그림 134. 제사 참여 대원들

열하일기 중 고사리에 얽힌 이야기

『열하일기』에 "어제 이제묘 안에서 점심 먹을 때 고사리 넣은 닭찜이 나왔는데, 맛이 매우 좋고 또 길에서 변변한 음식을 먹지 못한 끝이라 별안간 입맛이 당기는 대로 달게 먹었으나 그것이 구례(舊例)인 줄은 몰랐다. 오후에 길에서 소나기를 만나서 겉은 춥고 속은 막히어 먹은 것이 내려가지 않고 가슴에 그득히 체하여, 한번 트림을 하면 고사리 냄새가 목을 찌르는 듯하여 생강차를 마셔도 속이 오히려 편하지 않았다. 이 한창 가을에 철 아닌 고사리를 주방(廚房)은 어디서 구해 왔는고." 하고 물었더니, 옆에 사람이 말하기를 "이제묘에 서서 점심참을 대는 것이 준례가 되어있사오며 또 사시를 막론하고 여기서는 반드시 고사리를 먹는 법이옵기에 주방이 우리나라에서 마른 고사리를 미리 준비해 가져와 여기에서 국을 끓여서 일행을 먹이는 것이 이젠 벌써 하나의 고사(故事)로 되었답니다.

10여 년 전에 건량청(乾糧廳)이 이를 잊어버리고는 갖고 오지 않아서 이곳에 이르자 궐공(闕供) 되었으므로 건량관(乾糧官)이 서장관에게 매를 맞고 물가에 앉아서 통곡하면서 푸념하기를 백이·숙제, 백이·숙제야. 나하고 무슨 원수냐. 나하고 무슨 원수냐"라고 하였답니다. 소인(小人)의 소견으로는 고사리가 고기만 못하며 또 듣자 온즉 백이는 고사리를 뜯어 먹고 굶어 죽었다 하오니 고사리는 참, 사람 죽이는 독물인가 하옵니다." 하니, 여러 사람이 모두 허리를 잡았다.

태휘(太輝)란 자는 노 참봉의 마두(馬頭)인데 초행일뿐더러 위인이 경망해서 조장(棗庄)을 지나다가 대추나무가 비바람에 꺾이어 담 밖에 넘어진 것을 보고는 그 풋열매를 따 먹고 배앓이로 설사가 멎지 않아서 한창 속이 허하고 몸이 달고 마음이 답답하고 목이 타는 듯하다가 급기야 고사리 독이 사람 죽인다는 말을 듣고 큰 소리로 몸부림치면서 "아이고, 백이·숙채(熟菜, 삶은 나물)가 사람 죽이네. 백이·숙채가 사람 죽인다."라고 하니 숙제(叔齊)와 숙채(熟菜)가 음이 서로 비슷한지라 또한 당에 가득한 사람들이 깔깔거리고 웃었다.

내 일찍이 백문(白門, 서울 부근의 지명)에 살 때이었다. 때마침 숭정기원(崇禎, 137년) 세 돌째 맞이한 갑신년이며 3월 19일은 곧 의종 열 황제가 순사(殉社) 국가와 함께 죽음을 맞이한 날이다.

시골 선생님이 동리 아이 수십 명을 거느리고 성서(城西, 서울 서대문 밖)에 있는 송 씨의 셋방살이 집에 찾아가서 우암 송시열)의 영정에 절하고, 초구(貂裘)를 내어서 어루만지며 강개함을 이기지 못하여 눈물을 흘리는 이까지 있었다.

 돌아오는 길에 성 밑에 이르러서 팔을 뽐내며 서쪽을 향하여, "되놈" 하고 불렀다. 그리고는 선생님이 이에 여수(旅酬)를 벌이되 고사리나물을 차렸다. 이때 마침 주금(酒禁)이 내렸으므로 꿀물로서 술을 대용하여 그림 놓은 자기 주발에 담았으니 그 주발의 관지(款識)에는 '대명성화(大明成化)에 만든 것이다'라고 새겼다. 여수하는 자가 꿀물을 따를 때면 반드시 머리를 숙여 주발을 들여다보곤 한다. 이는 『춘추(春秋)』의 의리를 잊지 않기 때문이라 한다. 이에 서로 시(詩)를 읊었다. 그중 한 동자(童子)가 쓰기를

武王若敗崩	무왕도 만약 패해서 죽었다면
千載爲紂賊	아득한 천년 뒤에 주왕에겐 역적이 되 올 것을
望乃扶夷去	여망이 어이하여 백이를 구하고도
何不爲護逆	역적을 옹호했다 하여 벌을 받지 않았던고
今日春秋義	춘추의 큰 의리를 이제껏 떠들건만
胡看爲胡賊	되놈으로 간주하면 되놈의 역적일걸

하였다. 모두들 한바탕 웃었다. 그 선생님이 섭섭한 표정으로 한참 있다가 "아이들은 불가불 일찍부터 춘추를 읽혀야 돼. 아직 그게 무엇인지 분간을 못 하므로 이따위의 괴상한 말들을 하는 게야. 어디 한번 즉경(卽景)이나 읊어 보아라" 하자 또 한 동자가 짓기를,

採薇不眞飽	고사리 캐고 캔들 배부르단 거짓말이
伯夷終餓死	백이도 나중에는 주려서 죽었다오
蜜水甘過酒	꿀물이 몹시 달아 술보다 나을지니
飮此亡則冤	이것 마시자 죽는다면 그 아니 원통하리

하였다. 선생은 눈썹을 찡그리면서 "어어, 이게 또 무슨 괴상한 수작이

여." 하니, 만좌의 사람들이 또 한 번 크게 웃었다. 그리 한지도 어언간 27년의 세월이 흘렀다.

고사리는 궐(蕨)이라 처음 기록됐다. 기원전 470년 편찬된 『시경』에는 "저 남산에 올라 고사리를 캐자꾸나(言采其蕨)"라며 〈고사리를 캐자〉는 두 편의 시가 전한다. 기원전 200년경 한나라의 유희가 지은 『이아』에도 고사리를 궐로 표기하고 '나물의 하나'라고 기록됐다.

역사상의 고사리는 중국 은나라의 백이·숙제에 관한 전설적 이야기다. 기원전 90년경 사마천이 편찬한 『사기』 〈백이 열전〉에 "백이와 숙제는 은나라가 망하자, 주나라 곡식을 먹지 않겠다며 수양산에 들어가 고사리를 캐 먹다 굶어 죽었다"라고 한다. 이때 고사리는 고비, 마름, 수초의 이름으로 궐채(蕨菜)라 적었고 불렀다. 이 음식은 갓 캔 고사리나 말린 고사리를 데쳐 물에 불린 다음, 양념하여 볶은 나물로 고사리 채, 고사리 밥을 말한다.

고사리를 소재로 한 우리의 고전문학 작품으로는 성삼문(成三問)과 주의식(朱義植)의 시조가 유명하다. 이것은 백이·숙제의 고사와 관련된 시조로, 성삼문의 작품은 백이·숙제가 고사리를 꺾어 먹은 것을 탓하는 내용으로 자신의 높은 절의를 과시한 작품이라고 할 수 있고, 주의식의 작품은 성삼문과는 달리 백이·숙제가 고사리를 캔 것을 두둔하고 있다.

성삼문의 시
수양산 바라보며 이제를 한하노라
주려 죽을지언정 채미도 하는 것인가
비록 푸새엣 거신들 그 뉘 따헤 낫다니…

수양산을 바라보면서 지조를 끝까지 지키지 못한 백이와 숙제를 원망하며 한탄하노라. 차라리 굶주려 죽을망정 고사리는 왜 캐어 먹었는가? 비록 산에서 아무렇게나 자라는 풀이라 하더라도 그것이 누구의 땅에서 났단 말인가?

이 시조는 절의가(絶義歌) 또는 충의가(忠義歌)라고도 하는데 절개를 지킨 것으로 유명한 백이와 숙제보다도 더 곧은 절개를 지키겠다는 자신의 충의 심을 풍자적으로 표현한 작품이다. 고사리는 노구 할매로 표현한다. 허리를 굽혀 고사를 꺾고 있는 모습이 마치 고사리처럼 생겼다고 붙여진 것이다.

그림 135. 고죽국   그림 136. 영평성 내부   그림 137. 영평성 서문

이른 봄이면 산하에 고사리가 우후죽순처럼 올라온다. 혹독한 겨울을 견디고 새봄에 올라온 첫 채미 거리다. 제사상에서 고사리는 귀한 대접을 받는다. 고사리는 잎도 없이 머리를 조아리듯 땅을 뚫고 올라온다. 고사리는 어린아이처럼 세상의 희망을 나타낸다. 고사리의 움켜쥔 모습에는 강한 기운이 들어있다. 주먹을 쥐고 기회를 엿보다 주먹을 활짝 펴고 세상에 도전한다. 햇빛을 받으면 잎은 빠르게 손을 펴서 넓은 잎을 만들어 버린다. 쫙 펴면 고사리는 더는 식용으로서는 사용하지 않는다. 이미 줄기가 질기고 억세어 먹을 수가 없다.

생고사리에는 프타퀼로사이드(Ptaquiloside) 라는 발암성 독성 물질이 들어있는데, 충분히 익혀 먹지 않으면 중독증으로 몸에 이상이 나타날 수 있다. 이 물질은 다량 섭취하거나 특히 날것으로 먹었을 때 건강에 해로울 수 있어 반드시 충분히 익히는 등 적절한 처리가 필요하다.

우리의 상식으로는 고사리를 뜨거운 물에 데쳐서 독을 제거하고 반찬으로 먹는다. 산속에서 백이·숙제는 생고사리를 먹고 어떻게 견디었을까? 어떤 방법으로 섭취를 하여 잠시라도 생명을 유지했는지 몹시 궁금하다. 속인의 생각이다.

〈열하일기에서 일부 발췌〉

열하일기를 따라서

글 안옥선(무주군 문화해설사)

여행은 언제나 가슴 설레게 한다. 오전 2시 반에 출발하기로 하고 잠을 청했는데 초등학교 소풍 전날 밤처럼 잠이 들지 못했다. '자다 깨다'를 반복하다 에라 잠자리를 박차고 일어나 1시간 빨리 출발했다. 공항에 도착하여 일행을 만나고 생경한 얼굴에 다소 어색함과 뻘쭘함을 느꼈다.

대련 공항에 도착 후 처음 답사지 여순감옥에서 안중근, 신채호, 이회영 등의 독립투사들 감방과 생활사 고문 도구들을 보았고 사형 집행소를 보고 눈물이 났다. 나라를 구하고자 했던 이들은 이국만리 타향에서 목숨을 내놓고 활동을 했는데 지금 우리의 작태를 생각해 보니 한숨이 난다.

그림 138. 고구려 백암산성(연주성)

고구려 산성인 비사성을 보러 간다. 산 아래에서 길이 막혔다. 중국인들의 여행으로. 관광지 초입 상인들의 자판을 구경했는데 먹거리가 비슷하다. '어 이건 달래 냉이 민들레 이들도 우리의 먹거리와 같구나'. 점심 먹은 지 얼마 지나지 않아 뭐가 들어갈까 싶었지만, 옥수수 하모니카를 불었다. 산 아래서 비사성을 눈에 담으며 다음 행선지로 출발했다. 단동까지 갈 길이 멀다. 깜깜한 밤에 황금평을 예상하며 더듬더듬 살피고 호텔에 도착하여 늦은 식사와 여장을 풀었다.

이른 아침에 단교와 압록강 건너 도시를 보면서도 신의주인 줄 몰랐다. 국경 도시라고 북에서 신경을 썼나 보다. 고층 건물에 북한 땅인 걸 상상 못 했다.

호산장성에 오른다. 딸기 파는 아저씨가 따르릉따르릉 종을 울리면서 사라고 외치지만, 들고 가기 무서워 내려올 때 사야지 하고 올랐다. 에고 다리야 가다 포기. 내려오는데 강 건너 많은 이들이 일하고 있는데 구호를 외치며 뛰어다닌다. 뭐지 하고 바라보는데 "북한군인 것 같습니다. 수해복구 하는 모양입니다." 일요일인데 쉬지도 못하고 일이라니 그것도 조별로 뛰어다니면서 안타까웠다. 딸기 장수 아저씨가 안 보인다. 먼저 내려와 쉬는 데 뒤에 일행들이 딸기를 많이 사와 입이 달콤했다.

연암 박지원 선생님의 열하일기 루트를 하나하나 짚어서 나아간다. 구련성터를 표지석으로 확인했다. 성터였다고 누가 믿겠는가? 변해도 너무 변해버린 성지. 가게 앞에 초라한 표지석을 뒤로하고 출발한다.

그림 139. 여순감옥

그림 140. 심양고궁 후원

봉황성에 오르는 길은 참으로 번잡했다. 하여튼 요상한 2인용 케이블카를 타고 올랐다. 타고내릴 때 도와주는 사람이 있었는데 내릴 때 사람을 잡아 빼듯이 한다. 재미있는 체험을 한 것 같다.

연산관 역을 찾아 동네 한 바퀴. 해가 질 무렵 연산관이 있던 동네는 고즈넉했다. 중국인들은 복을 기원하는 방식이 요란도 하다. 대문에 붉은색 천으로 묶고 복(福)자를 붙이고 있다. 차창 밖으로 부경을 찾으며 다음 답사지로. 부경은 우리 민족의 생활사에서 볼 수 있는 공간이다. 집 몸채에 붙어 있지 않은 다른 건물인데 아래에는 짐승을 키우는 공간이고 위에 공간에는 곡식이나 짐승을 먹일 마른 풀 등을 보관하는 공간이다. 집들이 신축되면서 옛 모습 찾아보기 힘들다. 철근으로 만든 것이 대신하며 옥수수가 가득 차 있다. 우리네로 보면 외양간 같은 것일까 싶다. 임실에서는 더그매라고 부른단다.

요양 백탑 공원과 광우사를 보았다. 거대한 불상에 대륙의 기질을 보았다. 백탑을 보면서 문득 최명희의 혼불이 생각난다. 봉천의 백탑 거리, 서탑 거리에 대한 묘사가.

안 대장이 간식거리로 대추를 사셨다. 관제묘에 갔으나 월요일이라 문이 닫혀있다. 백탑보에서 안 대장 지시에 따르지 않아 한 소리를 들었다.

백암성 고구려성을 사진이 아닌 실물로 보았다. 돌로 싸인 석성을 고구려 산성의 특징인 치를 보았다. 그런데 표지석은 연주성이라 되어있네. 끙 동북공정의 하나임을 깨닫고 기분이 별로였다. 십리하 다리 위에서 내려다본 십리하는 물줄기가 작다. 심양의 서탑 거리, 남탑공원을 둘러보았다. 여러 종교를 받아들여 화합하려는 의지를 보았다. 서탑 남탑 모양이 다르다.

심양고궁에 들러 청대 유물과 초상화 봉황루를 보았다. 누군가는 파파고를 돌려 설명문을 번역해 본다. 여기에도 청대 복장으로 인증사진을 남기는 이들이 많구나.

청대 유물 중에 서양의 시계를 보았는데 소현세자가 귀국 시 가져온 시계가 이런 모양이었으리라 생각해 본다. 요하대교 요동과 요서의 분기점이라 한다. 무량 가옥 지붕은 일자이다. 만주 벌판의 사나운 바람을 잘 넘기라고 뾰족한 지붕이 아니다.

신민역을 지나 백기보 마을을 찾아서 갔다. 똥 무더기에서 소백기보 참 폿말에서 사진을 찍었다. 동네 점방에서 산 빵이 나누어지고 이상하게도 크디큰 고추를 얻어왔다고 한다.

이동시간을 이용하여 답사 유인물을 낭독하며 유익한 강의와 명창의 소리와 세상에서 제일 짧은 창도 배운 이번 답사는 다채롭고 새롭다.

북진묘에 당도했는데 문은 닫혀있다. 배꽃 축제를 한다고 시끌벅적하다. 북진고루는 더했다. 여러 팀의 군무와 음악 소리로 번잡했으며 답사 일행 중 몇은 군무 일행을 따라서 춤을 추며 합류한다. 흥하면 한민족 노래와 춤하면 한민족인데… 한민족 후손답다.

광녕성에 이성량 장군의 기록이 있다. 이성량의 후원을 얻어 성공한 이는 청 태조 누르하치였다. 양쪽에 상가들이 늘어서고 길을 따라 걷는 데 골목 안쪽으로 성벽의 잔해가 보여 촬영하려 들어서다 노상 방뇨하는 이를 보고 발걸음을 돌렸다. 나오면서 찍어야지 했는데 놓쳤다. 조평규 님의 시사로 양 한 마리 바비큐가 차려지고 거한 만찬을 즐겼다.

아침에 의무려산으로 향했다. 신기가 왕성하다는데 우리나라 영발이 센 계룡산과 기운이 같은가보다. 광장에 세운 입상이며 가꿔 놓은 것이 대륙 스타일이다. 난 초입에서 중도 하차 내려오는데 목도로 돌을 운반하려는 이들을 보았다. 돌의 위치를 바꿔 가며 메어 보고 다시 내려놓기를 반복하며 의견이 분분하다. 언제나 움직이려나 기다리다 지쳐 내려온다. 만만디라더니 역시 나이다. 여기도 축제장이다. 노래 공연을 준비하고 연주를 했다. 노래하는데, 고음에 귀가 아프다. 우리네 정서엔 안 맞는 것 같다.

금주고성으로 향하는데 화장실을 핑계로 마트를 이용하며 장을 보았다. 바이주가 싸다. 움직이고 있는 번데기를 보았다. 식용일까 약용일까? 궁금하다. 대릉하를 건너 도시 속에 조금 남아 있는 금주성을 보았다. 올려다보니 높다랗다.

영원위(흥성고성) 고성 밖 독사부에서 연암 선생님이 묵었다고 하는 데 찾을 수 없었다. 성문 앞에 대포가 즐비하게 우릴 맞이한다. 들어섰는데 공사 중으로 먼지와 돌 쪼는 소리로 소란스럽다. 5월 노동절 연휴에 재개장을 위해 단장 중이란다. 성내를 돌며 흥성 문묘를 밖에서 보고 나왔다.

산해관에 도착하였다. 숙소가 리조트다. 아침 일출이 장관이니 꼭 보라는 가이드 말이 있었다. 일출은 늦잠으로 패스하고 산해관 장성 노룡두에 갔다. 노룡두는 만리장성 끝이라 한다. 해군 한 무리도 왔고 관광객 많다. 산해관으로 가니 인산인해다. 수학여행 중인 학생들도 많다. 아이들의 표정과 얼굴이 예쁘다. 천하제일관 현판이 거대하다. 저 아래 조선인들이 업무를 보던 곳이 있었다는데 어디쯤인가?

영평성 이제 고리를 찾아 나섰다. 성으로 들어가는 문과 성벽 일부만 남아 있다. 이제 비를 찾는데 찾을 수 없다. 안 대장님의 기억을 더듬어 동네들 돌며 물어가며 찾았으나 못 찾았다. 성문 안쪽에 제단을 차려 제를 올렸다. 답사 회원들의 준비와 수고로 제를 올렸다.

고죽문화공원으로 이동하여 백이·숙제를 기리는 표지를 보았다.
국(하영택)선생이 찾던 얼후를 연주하고 있는 이들을 보았다. 양해를 구하고 얼후를 빌려 아리랑을 연주하는 데 그들의 방해로 끝났다. 저녁 무렵 옥전역에 들려 호질에 대해 배운다. 연암 선생이 시대를 풍자한 양반의 속된 모습을 가게에서 베낀 이야기라고 한다.

그림 141. 의무려산 전경

그림 142. 흥성고성

북경으로 간다. 경항대운하를 버스에서 보았다. 수많은 배가 떠 있었다는 곳인데 어두워서 가늠만 한다.

천안문 자금성으로 간다. 마지막 화장실이라고 들리라고 하는데 욱 이건 아니지. 어휴 중국 여행은 화장실이 너무 힘들게 하는구나. 많은 시간을 기다려서 입장했으나 사람멀미가 난다. 숨쉬기가 힘들다. 다음 북경에 오면 천안문은 패스다.

천주교회 동당을 지나는데 문이 닫혀있다. 종교를 공산당이 관리한다고 한다. 관상대 연암 선생님은 올라 보지 못한 곳을 우리는 구경한다. 원나라 곽수경의 흉상이 있다. 유리창 거리를 갔는데 생각 외로 실망이네. 힘든 하루 일정이다. 삼만 보를 넘게 걸었다고 하는데 난 죽을 맛이었다. 여행사 대표님이 나오셔서 인사하고 식사 접대를 한다고 해서 저녁 식사로 삼겹살을 먹었다. 참이슬과 대동강맥주 평양 맥주가 올라왔다. 누군가 "술로 통일이 되었네."라고 한다. 고북구로 이동.

고북구 금산령장성에 오른다. 산악 마라톤 대회를 하고 있었다. 승덕으로 이동 드디어 열하로 가는구나. 승덕 관광국에서 공무원이 마중한다. 중국 교포(조선족) 교수님이 해설해 준다. 보타종승지묘에 갔다. 여기는 티베트 복장으로 인증샷을 찍는구나.

티베트 라마(승려)을 모셔서 티베트의 포탈라궁과 같은 작은 궁을 지어 살게 했다고 한다. 조선 사신들에게 판첸라마에게 절을 하라고 하였으나 어물쩍 절하는 척하며 주저앉아 넘어갔다고 한다. 유림들이 중에게 무릎을 꿇는 것을 용납 못 해서이다. 그 자리는 어디쯤일까? 열하문묘를 방문했는데 공사 중이어서 문을 닫았는데 우리를 위해 문을 열어 주었다. 대성전에 들어가 보았다. 우리네 향교와는 크기가 달랐다. 규모가 크다. 식사 장소로 이동을 했다.

식당 입구에서 즉석 놀이마당이 펼쳐졌다. 장구를 구해와서 진도아리랑을 부르며 신명 나게 놀아 본다. 신나게 뛰어놀아야 했는데 아픈 다리를 저주했다. 저녁 식사도 관광국에서 융성한 대접을 했다. 승덕 방송국에서 나와 우리 답사단을 인터뷰 했다. 강희대전 공연을 관람했다.

공연 출연자들이 도열 하고 있는데 거대한 빨강 현수막을 펼치고 기념 촬영을 하고 입장을 하는데 특급 우대를 받았다. 강희대전 공연은 꼭 보아야 할 공연이었다.

열하 피서산장으로 간다. 피서산장은 황제가 여름 더위를 피해서 머물던 곳이었다고 하나, 사냥하는 군사 훈련이며 적들에게 시위에 가까운 행위였다. 열하는 뜨거운 물이 아니라 겨울에 미지근한 물이 나와 물이 얼지 않았다 하여 열하라고 한다.

박지원 비가 입구에 있었다. 박(朴)자가 박(樸)자로 표기되어 있다. 중국과 한국의 문화교류에 기여 한 공로가 있다고 새겨져 있다. 기념 촬영을 한 후 들어갔다. 아름다운 호수에 풍광이 뛰어났다.
사슴이 많아서 사냥터로 쓰였고 얼마 전 사슴이 사람을 받아서 울타리를 쳐서 못 들어오게 했다고 한다.

북경으로 이동하여 숙박을 한 후 아침에 공항으로 이동하였다. 9박 10일 동안의 일정은 연암 선생님보다는 쉬운 일정이었으나 그 나름대로 만만치 않은 일정이었다. 그러나 훌륭하신 여러 답사 회원과 함께한 여정은 재미있고 유익한 답사였다.

지금도 귀에 들리는 듯한 찰진 안 대장님의 "커피나 대추~"

그림 143. 산해관 노룡두 장성

열하 4천 리를 다녀와서…

글 윤광일(화순소방서)

답사를 다녀온 지 보름이 채 지나지 않았지만, 순간순간 아득한 옛일처럼 느껴지곤 한다. 내가 지금껏 경험한 여행 중 제일 길었고, 어느 때보다 의미 있었고 또 가장 보람 있었던 10일간의 여정이었기에 이렇게 쉽게 잊혀지기엔 너무나 아쉽고 두려운 마음마저 들었다.

이렇듯 내게 소중했던 경험을 오래도록 기억하고, 추억하기 위해 졸필이지만 짧은 글이라도 남기고자 펜을 들었다. 물론, 열하일기에 스며있는 새로운 문명을 통한 더 나은 삶의 비전이라든가 연암 박지원이 추구했던 철학을 온전히 이해하기에는 내가 가지고 있는 지식이나 역량이 많이 부족한 까닭에 답사 과정에서 느꼈던 경험과 소회를 몇 자 적어본다.

그림 144. 노룡두장성 장대

준비 : 답사 참여를 결정하고, 먼저 '박지원'이라는 인물을 공부하기 시작했다. 조선 후기 실학자이자 '열하일기'를 쓴 문장가라는 단편적인 지식밖에 없었던 나는 시중에서 관련 책을 구입하고 여러 평론가의 강의와 그동안 방영되었던 방송프로그램을 보면서 박지원과 열하일기의 기본적인 지식을 습득하려고 노력했다. 또 중국이라는 나라와 역사를 여러 가지 매체를 통해 접하면서 박지원과 열하일기라는 대문장이 나오게 된 배경을 이해하려 노력했고, 자연스레 중국의 문화, 정치, 사회 그리고 행정제도에 대한 지식을 조금이나마 축적할 수 있었고, 이런 나름의 조그만 노력은 답사에 대한 불안감을 조금씩 덜어내면서 어느 정도 자신감을 갖고 이번 행사에 참여할 수 있었던 계기가 된 것 같다.

여정 : 연암 박지원 일행이 걸었던 4,000리(한양→승덕) 길을 우리는 버스를 타고 하루에 5시간에서 많게는 7시간씩 9일을 달렸다.

중국과 북한의 국경을 이루고 있는 압록강 단교를 시작으로 북한 의주가 한눈에 보이는 호산산성에서의 조망은 지금도 눈에 선하고 여러 가지 감정이 교차한 순간이기도 했다. 오골성이라 불리던 봉황산 산성까지의 여정은 여러 가지 우여곡절이 있었지만 결국 정상 부근까지 올라 기념사진 한 장 남긴 것에 만족하고 아쉬움을 달랬다.

고구려 옛 성으로 알려진 백암성(연주성)은 공사 중이어서 가슴 졸이면서 끝까지 올라갔던 게 지금 되돌아보면 너무 잘했다는 생각이 들면서 가슴이 뿌듯하다. 랴오닝성의 성도 심양은 한때 옛 청나라의 수도였던 곳으로 당시 화려했던 청나라의 발자취를 심양고궁을 비롯한 여러 문화유적이 말해주고 있다. 병자호란으로 심양으로 볼모로 잡혀 왔던 소현세자가 기거했던 것으로 알려진 조선관(심양관)이 있었던(추정) 부지에서 그가 겪었던 8년간의 고통을 조금이나마 마음속으로 느껴보려고 노력했다.

'세상에서 상처받은 영혼을 치료하는 산' 이라는 신비스러운 의무려산을 단숨에 정복하고 우리는 만리장성의 동쪽 끝 관문 천하제일관으로 대표되는 '산해관'에 도착했다. 바다를 바라보는 등해루는 노룡두 지역에 있는 군사적으로나 문화적으로도 큰 의미가 있는 누각이라고 한다.

영평성 이제묘에서 거행된 백이·숙제 공을 기리는 제례는 나에게도 아주 특별한 경험이었고, 마지막까지 두 임금을 섬기지 않고 충절을 지킨 옛 의인들의 지조를 다시 한번 되새겨 보면서 최근 어지러운 정치 상황에 비추어 많은 생각을 하게 만들었다.

제가 가장 많이 기대하고 가보고 싶었던 북경의 천안문과 자금성을 드디어 7일째 되는 날 방문하였다. 전날 북경으로 들어오면서 다소 번거롭고 불편한 절차가 있었지만, 그런 것을 한 번에 날려버릴 만큼 천안문의 감회와 자금성의 웅장함은 실로 대단했다. 언젠가 좀 더 간소한 절차와 편안한 마음으로 다시 한번 천안문과 자금성을 방문할 기회가 있었으면 하는 바램을 가져본다. 지금과 똑같은 대원이면 더더욱 좋을 것 같다.

이번 답사의 마지막 종착지 '열하' 승덕에 도착하여 먼저 청나라 제4대 황제 강희제를 그린 공연 '강희대전'을 관람하였다.

무대는 물론 뒤쪽 산 전체를 공연장으로 활용하여 현란한 조명과 500여 명에 이르는 배우들, 백여 마리의 말을 동원하는 엄청난 스캐일의 공연이었다. 언어적 한계로 내용을 다 이해하지는 못했지만 그래도 만족스러운 공연이었다.

유네스코 세계유산으로 지정되었다는 청나라 황제들의 별궁 '피서산장'은 청나라의 전성기를 대변해 주는 엄청난 규모를 보여주는 곳이었다. 단순히 황제의 별장의 역할뿐만 아니라 중국 북방을 견제하고 통제하는 거점의 역할을 했을 것이라는 박지원의 의견에도 충분히 수긍이 갔다.

마무리 : 길었던 10일간의 여정이 마무리되었다. 그래도 비교적 잘 닦인 도로를 넓은 버스를 타고, 영양 좋은 식사를 세끼 거르지 않으며, 샤워실이 잘 갖춰진 안락한 숙박 시설에서 충분한 숙면을 취하면서도 그동안 고생했다고 서로를 위로하면서 일정을 마쳤다.
박지원과 마부 창대와 하인 장복의 5개월의 여정을 상상해 보면 저절로 고개가 숙어진다. 나는 정말 이번 답사가 고생이었을까?

시간여행을 통해 본 박지원

글 김희곤(행정학 박사)

나는 귀국을 앞두고 공항 근처 호텔에서 이 새벽에 1780년과 2025년의 시간여행을 통해 박지원으로 빙의해 본다.

나는 연암 박지원이라

사해(四海)가 하나 되어 태평성대라 일컫던 강옹건(康雍乾) 삼대의 치세를 듣고 보건대, 참으로 찬란하기 이를 데 없다. 강희는 백성을 어루만지고 오랑캐를 무찔러 천하를 안정시켰으며, 옹정은 번잡한 폐단을 없애고 법을 엄정히 하여 나라의 기틀을 다졌고, 건륭은 무위를 다스려 문화와 군사를 두루 일으켜 대제국의 면모를 드러냈다.

그림 145. 열하 인공호수

강희제는 어려서부터 총명하여, 한족과 만주족을 아울러 사랑하고, 서양의 기기(奇技)와 학문까지 받아들였으니, 천문을 관측하고 지리를 익히는 데에도 힘을 다하였다. 삼번(三藩)의 난을 평정하고, 타타르(타갈족)와 러시아를 물리치며 북방 경계를 굳혔으니, 청나라의 근본을 바로 세운 공이 지대하다.

그 뒤를 이은 옹정제는 청렴을 으뜸으로 삼아, 부패한 관리들을 일소하고 국고를 튼튼히 하였다. 세제(稅制)를 개혁하고, 강역을 더욱 넓혀 민생을 안정시키니, 짧은 치세이나 나라의 골격을 한층 굳건히 한 자라.

건륭제는 어려서부터 책을 가까이하고 예술을 숭상하여, 문운이 절정에 이르게 하였다. 서역을 정벌하고 대만을 평정하며, 변경을 다듬어 오늘날 중국 땅의 모양을 갖추게 한 이도 바로 건륭이다. 학문을 장려하고 『사고전서(四庫全書)』를 편찬하여 문화를 집대성하였으니, 천하 사람들이 이를 '강옹건 성세'라 칭송함은 괜한 일이 아니다.

허나, 나는 저 성세를 마냥 부러워하지 않았다. 외화내빈(外華內貧)이라 하였던가. 겉으로는 번성하나, 그 속은 이미 썩어들어 가는 기미가 있었다. 조정은 엄정하되, 사상과 언론을 억압하였고, 황제의 권세는 높되, 백성의 숨통은 점차 좁아졌다. 문화를 숭상한다고 하나, 정작 사류(士類)는 필설을 삼가고 조심히 숨을 죽이며 살았다. 나는 북경을 여행하며 강옹건 시대의 영광을 눈으로 보았지만, 또한 그 그림자도 보았다. 화려한 궁성과 시장, 끝없이 이어지는 대운하를 지켜보며, "아, 이 나라가 언제까지 이 번영을 이어갈 수 있으랴"라고 속으로 탄식하였다.

나 박지원은 알았다. 아무리 강대한 나라라 한들, 백성의 힘을 억누르고 생각을 억제하면 언젠가는 반드시 쇠하여 무너진다는 것을. 오늘의 성세(盛世)가 내일의 쇠락(衰落)을 잉태하는 법이니, 나는 차마 맹목적으로 찬탄할 수 없었다. 오히려 경계하고, 또 경계하여, 우리 조선 또한 타산지석 삼아야 한다고 다짐하였다.

나라를 부강하게 하는 것은 일시적 번화가 아니라, 백성의 마음을 얻는 데에 달려 있다. 벼슬아치들이 탐욕을 부리고, 군왕이 귀를 막고, 서생들이 숨을 죽이면, 천하의 그 어떤 대국이라도 오래갈 수는 없는 법이다.

나는 을묘년(1780년) 겨울, 사은사(謝恩使)를 따라 북경에 들어섰다. 긴 긴 여정 끝에 마주한 북경성은 참으로 장대하고 호화로웠다. 남쪽의 대운하를 따라 끝없이 들어오는 물자들, 시장에 진열된 온갖 진기한 물품들, 거리마다 사람과 수레가 분주히 오가고, 저마다 장사와 거래에 바빴다. 나는 혀를 내두르며 "참으로 천하의 부귀가 이 땅에 모였구나" 하고 감탄하였다.

그러나 나는 겉모습만을 보지 않았다. 대명전(大明殿)의 화려한 단청 아래, 신하들이 고개를 깊이 숙이고, 말 한마디조차 조심하는 광경을 지켜보았다. 시전 거리의 상인들은 부를 축적하였으나, 그 삶이 결코 자유롭지 않았다. 거리는 번화하지만, 사람들의 표정은 왠지 무겁고 억눌려 있었다.

나는 장차(長槎)라는 이름을 빌려 북경 곳곳을 돌아다녔다. 고루(古樓)에 올라 천하를 내려다보고, 고궁(故宮)의 깊은 담장 너머를 상상했다. 어느 날, 한 서생과 마주 앉아 차를 나누던 중, 그는 나직이 말하였다.

"지금이야 나라가 강대하나, 마음 놓을 때가 아닙니다. 말조심하고, 글조심하고, 꿈도 조심해야 하니, 이는 나라의 흥성이라기보다 또 다른 쇠락의 시작이 아니겠습니까."

그림 146. 압록강과 애랄하

그림 147. 압록강 단교

나는 그 말에 깊이 공감하였다. 북경에서 본 강옹건의 유업은 참으로 위대하였지만, 그 찬란함 이면에는 피로와 불안이 서려 있었다. 돌아오는 길, 나는 대운하를 따라 조심스럽게 사색하였다.

"부국강병이라 하나, 백성이 숨죽이고 사는 나라가 어찌 오래가랴. 진정한 부강은, 만백성이 제 목소리로 웃고 떠들며, 삶을 사랑할 수 있을 때 비로소 이루어지는 법이다."

나는 북경에서 배운 것을 조선에 알리고자 했다. 단순히 청의 기술과 물건을 탐할 것이 아니라, 그 이면의 교훈까지 보아야 한다고, 지인들에게 거듭 강조하였다. 그러나, 나의 이 말이 누군가에게는 지나친 걱정으로, 또 누군가에게는 불온한 생각으로 여겨질까 하여, 나는 다만 글에 담아 조심스레 전하고자 했다.

이러하여, 나는 '허생전'을 짓고, '열하일기'를 남겼다. 겉으로는 기이한 이야기요, 여행의 기록이나, 그 속에 숨은 뜻은 하나였다.

"우리는 강옹건의 찬란함만을 부러워할 것이 아니라, 그 그림자까지도 보아야 한다."

그림 148. 보타종승지묘 만수귀   그림 149. 열하 관제묘   그림 150. 보타종승지묘

나는 21세기 조선 사람, 박지원이라

을묘년 정사(正使) 박명원(朴明源) 사은사가 아니라, 안동립 답사 대장을 따라 디지털이 온 천하를 삼킨 세상, 이번에는 작은 기계(비행기)를 타고 열흘 동안 청국(清國)의 옛터를 두루 밟았다. 길이 뻗고 물자가 흘러든 북경과 열하 일대는 겉으로 보기에 여전히 천하의 중심 같았으나, 눈을 크게 뜨고 살피니 그 풍경은 과거와는 사뭇 달랐다.

거리는 번잡하고 높고 거대한 빌딩이 구름을 뚫었지만, 문득 길가를 서성이는 이들을 보면, 옷은 화려하되 눈빛은 어딘지 모르게 얼어 있었다. 시장에선 QR코드를 목에 건 거지까지 스마트폰으로 시주를 청하니, 나는 순간 놀라지 않을 수 없었다. "거지가 목에 거는 것이 목화솜 자루가 아니라 디지털 표식이라니!"

백성은 진작 지폐를 버리고, 휴대기기 하나로 밥을 사고 차를 마시며 하루를 꾸린다. 그 손쉬움과 신속함에 감탄하는 한편, 사람과 사람이 맞붙어 주고받던 정이 이젠 기계의 창(窓) 너머로만 오가는 듯하여, 나는 왠지 모를 쓸쓸함을 느꼈다.

화장실에 들어갔더니, 겉으로는 휘황한 외관에 걸맞지 않게, 관리가 허술하고 청결이 부족하였다. 이 나라가 외양은 거대하되 세세한 곳까지 다스리는 데는 미치지 못한다는 걸 알 수 있었다. 나는 스스로 다짐했다. "부러워할 것은 번쩍이는 껍데기가 아니라, 사람의 품성과 나라의 세심함이어야 한다"고.

북경성의 옛 궁궐과 거대한 원구단을 돌아보면서, 나는 강희·옹정·건륭 삼대의 영광을 기리는 전시를 보았다. 그 찬란함 앞에 감탄도 했지만, 이내 서늘한 한기 또한 느꼈다. 고궁 한켠에선 최신식 안면 인식 시스템이 돌아가고 있었고, 거리마다 감시카메라가 눈알처럼 달려 있어, 사람들이 자유롭게 웃고 떠드는 것을 찾아보기 어려웠다.

시진핑이라는 오늘날의 천자는 백성에게 안정과 부유를 약속했지만, 그 대가로 숨 쉴 공간마저 점점 빼앗고 있었다. 나는 문득 조지 오웰의 『1984』를 떠올렸다. 그러나 지금의 감시는 그보다 더 은밀하고 일상 속에 깊숙이 파고들어 있었다. 눈에 보이지 않아 더 두렵고, 편리함이라는 외피 아래 자유를 갉아먹는 듯했다.

열흘 동안 발품을 팔아 돌아다닌 끝에, 나는 깊이 깨달았다. 과거 청나라가 황제의 권위와 번영을 내세워 백성의 입과 귀를 막았듯, 오늘날 청국 또한 비록 디지털 기계를 두르고는 있으나, 본질은 백성을 관리하고 통제하는 데 더 심혈을 기울이고 있었다.

"세상이 바뀌었다 하나, 인간 세상의 권력과 억압은 옛날이나 지금이나 도무지 달라진 것이 없구나."

그리고 다짐하였다. "나라는 부강하고 기술은 발전해야 하되, 사람의 마음과 자유는 결코 억누르면 안 된다."

연암이 꿈꾸었던 실학 정신,
여전히 미완 상태가 계속되고 있다!

글, 사진 강계두(경제학 박사)

금년 봄 '열하일기를 따라서 배우는 길 위의 인문학' 이라는 유적답사 계획을 접하고 바로 신청하게 되었다. 평소에 조선 말 실학사상에 관심이 많았는데 18세기 후반기 실학자인 연암 박지원(1737-1805)이 걸었던 열하의 길을 무작정 따라가고 싶었기 때문이었다. 조선 후기 임진 병자 양난 이후 급격히 밀려오는 서세동점 속에서 새로운 서양의 학문과 문화를 접하게 된 조선의 학자들과 관료들은 조선사회의 현상과 병폐를 인지하고 반성하게 된다. 오랫동안 주자학 중심의 학문과 정치, 중국이 세계의 중심이라는 화이론(華夷論)과 중국 사대주의, 폐쇄적 국제관계, 양반과 하층민의 계급사회에 의한 차별, 음양오행론 등 비과학적 사고 등이 오랫동안 조선을 지배하여 백성의 피폐한 생활을 초래하고 있었다. 실학사상은 이러한 사회적 시대적 상황을 배경으로 태동하였다.

그림 151. 조선 북학파가 접근이 어려웠던 북경 관상대의 성벽

그림 152. 북경 관상대의 청대 천체의

열하일기의 인쇄본을 최초로 간행한 滄江 金澤榮은 1901년에 '영국에 세익스피어가 있고 독일에 괴테가 있다면 우리나라에는 연암 박지원이 있

다' 라고 주장하며 연암의 글은 오천 년의 역사 가운데 일찍이 없었기 때문이라고 한다. 그는 열하일기를 통해 유교식 판에 박은 글을 쓰지 않고 해학과 풍자로 연암만의 독특한 문체로서 당시 유학자들의 위선을 비판하고 각성을 촉구하였다.

열하일기는 연암이 1780년 자제 군관의 신분으로 중국 청나라 황제 칠순연을 축하하기 위한 연행사절단 일원으로 연경과 열하에 다녀온 기행문이다. 조선 사신으로 최초로 열하까지 간 연암은 청나라에서 겪은 일을 실생활, 과학, 예술, 경제, 풍속 등 세세하게 기록하였다.

연암의 연행 시기는 임진 병자 양난을 겪고 150여 년이 지난 때였다. 당시 청나라 여행은 가기 힘든 외국 여행으로서 연암은 타고난 호기심과 치기로 패기에 차 있었지만 초라하고 고루한 조국 조선에 대해 느끼는 무한히 안타까운 심정, 그리고 부국강병을 위한 우국충정이었다. 그는 여행 초입인 책문에서부터 새로운 견문을 통해 벽돌로 쌓은 담장, 사람과 화물이 탄 수레만 보고도 기가 한풀 꺾여서 시기와 부러움을 느끼며 깊이 반성하게 된다.

아울러 연암은 연경과 열하를 여행하고 귀국한 후 성곽 축조, 제련 기술 등 청나라와 서구의 문물을 적극적으로 받아들일 것을 주장하였고 상행위를 천시할 것이 아니라 상행위와 무역을 적극적으로 권장하고 무역항을 개설해야 한다는 것과 화폐를 이용할 것을 주장하였다.

이러한 연암의 열하일기는 귀국 후 3년간의 저작 활동을 통해 완성되었는데 실제 과정을 보면 연암이 연행 일정 이전부터 홍대용, 박제가 등 북학파와 함께 교류하며, 실제 그들의 연행 경험담, 기록, 그리고 대책안을 공유하며 활용한 공동 연구 작품이라고도 할 수 있다. 이들은 수레와 벽돌, 배, 분뇨의 재활용 등을 통해 백성의 살림살이를 넉넉하게 하는 이용후생을 강조하였고 청나라와 서양의 문물을 통하여 세계정세를 현실적으로 직시하고 대응하는 북학파의 관점을 제시하였다. 북학파는 백탑파라고도 하며 1767년 당초 서자 출신인 박제가, 이덕무, 유득공 등이 주동이 되어 결성된 문학동인 모임인 白塔詩社에서 출발하여 다음 해부터 박지원이 좌장이 되는 이용후생학파, 또는 북학파로 발전되었다.

그 당시 연암은 홍대용(1731-1783), 박제가, 이덕무, 유득공과 교유하면서 함께 많은 생각을 나누었다. 그들은 法古創新(옛것을 본떠 전통을 계승하고 새것을 창조하여 혁신한다)에 따라 국가의 앞날을 걱정하고 새로운 조국을 설계하는 이른바 이용후생 실학을 주장하는 북학파이었다.

연행사들의 기록은 실사구시를 위한 실용 학문의 결정체이었다. 특히 담헌 홍대용이 한글로 저술한 을병연행록(1766년)은 박지원의 열하일기와 함께 조선을 대표하는 견문록이다. 담헌은 과학 철학에 천재적 재능을 가졌으며 율력에 조예가 깊어 혼천의를 만들었고 지구 자전설을 주장하기도 하였다. 담헌은 연암의 절친이었고 연행 경험의 선배일 뿐 아니라 과학 선생이었다고 할 수 있다.

연암은 '담헌 선생은 내 평생 벗이며 학문적 동반자였지만 서로 공경하기를 내외같이 하였다, 나는 담헌에게 땅이 돈다는 지전설을 듣고 크게 깨달았다'라고 하였다. 한번은 연암이 담헌, 그리고 석치 정철조와 함께 천문에 관해 토론할 때 연암은 그들이 얘기한 것이 무슨 내용인지 모르고 졸고 있었는데 눈 떠보니 두 친구는 새벽까지 밤새껏 어두운 등잔을 마주 대하면서 토론하고 있었다고 한다.

홍대용에 이어 박제가(1750-1805)와 이덕무(1741-1793)도 1778년 종사관의 신분으로 연경을 다녀와 이들의 경험과 기록은 2년 이후 연암의 연행 일정에 매우 큰 도움이 되어 총론적으로 '이용후생'과 '북학'이라는 개혁 학문을 조선에 심게 되었다. 특히 박제가는 담헌의 적극 추천에 의한 정조의 배려로 본인의 연행이 이루어진 것임을 알고 북경에서 해야 할 일을 사전에 빼곡히 적어놓았다고 한다.

연암이 열하를 향해 공식적인 황제 축하를 위해 일정을 소화하면서도 다른 방문 지역이나 장소, 관찰대상은 이들 북학파 동학의 권고가 많이 참고되었을 것으로 보인다. 열하일기에서 연암이 방문하는 의무려산이나 관상대의 방문일정은 을병연행록에서 보이는 것처럼 담헌이 15년 전에 방문했던 곳이기도 하다.

당시 중국 청나라는 서양문화의 주요 교류 통로인 천주당, 관상대, 그리고 서양 선교사들을 통해 서양의 문물을 수용하고 이해할 수 있었다. 조선은 연행단 파견 시에 유리창, 천주당, 그리고 관상대와 같은 청나라와의 문화교류 통로를 활용하여 서양의 기술과 문화를 간접적으로 견문하였다. 유리창은 朝淸 문인들 간의 필담에 의한 문화교류 공간으로 활용되어 박제가, 유득공 등 규장각 검서관은 정조의 명으로 유리창에서 대량으로 서적을 구매하기도 하였다.

북경에는 동서남북이 네 곳 천주당이 있는데 1605년 마테오 리치에 의해 남당, 1653년 아담 샬에 의해 동당이 세워졌다.

그림 153. 북경 유리창

그림 154. 마테오 리치(이마두)

그림 155. 아담 샬(탕약망)

연암은 그 당시 청나라의 수도인 심양을 지나게 된다. 심양은 병자호란(1636)의 기억을 상기하는 공간이다. 연암은 당시 볼모로 60만 명의 백성과 함께 끌려온 소현세자의 고통과 성찰의 시간을 기록한 심양일기(1642, 1644)를 읽어 보았을 것이다.

연암 박지원은 태종 홍타이지가 10만 대군을 이끌고 조선을 침입한 병자호란을 생각하며 원한에 사무친 마음을 토로하게 된다. 우리 답사단은 현대에 건축된 심양고궁 박물관을 관람하면서 연암이 느낀 심정을 되새겨 볼 수 있었다.

1644년 소현세자는 청에 들어가 자금성에서 기거할 때 선교사 아담 샬과 남당 천주당을 오가며 필담 교류하면서 서양의 문물을 인식하게 되었고 천주교 서적과 천체관측 기구를 조선과 조정에 전래하기도 하였다.

우리는 심양고궁 박물관의 전시관에서 진열된 청대 시계들을 볼 수 있었다. 연암 박지원도 당시 번화한 청나라의 수도 심양에서 이러한 기이하고 다양한 시계들을 보며 서양과 청나라의 과학기술과 선진성을 다시 한 번 확인할 수 있었을 것이다.

마테오 리치(이마두, 1552-1610)는 이탈리아 예수회 선교사로서 수학, 천문학, 역법에 능통하여 중국에 28년 동안 머무르는 동안 20여 권의 漢文 西學 번역서를 출판하여 중국에 그리스도 신앙뿐 아니라 서양의 과학과 문화를 전파하였다.

특히 그는 1601년 명나라 만력제 때 자명종 등 서양의 과학기술을 소개하면서 고장 수리 기술자로서 북경에 거주하게 된다. 우리나라에는 조선 인조 1631년에 정두원이 명나라 주청사로 다녀오면서 자명종을 가져온 바 있다.

그림 156. 소현세자 기거했던 것으로 추정 자금성 연휘각

그림 157. 남당

그림 158. 남당 이마두, 프란치스코 하비에르 동상

연암은 청나라의 괘종시계, 자명종, 망원경, 안경 등을 본 뒤로 그는 조선의 수준으로 청나라를 정벌하는 것은 불가능하며 오히려 청나라의 선진 문물과 선진기술을 받아들여 실력을 양성하여야 한다고 주장하였다. 그는 조선의 부국 강대국을 꿈꾸었던 진정한 개혁가였다.

연암 박지원은 관상대를 찾아간다. 관상대는 천문관측기기가 진열되어 서양 과학의 실체를 파악할 수 있는 현장이므로 관상대 방문은 서학을 경험하는 과정에서 필수과정이었다. 하지만 관상대는 국가 천문기관으로서 황제 명이 없이는 함부로 드나들 수 없는 엄격히 통제된 공간이었다. 홍대용의 경우에도 관상대를 견학하기 위하여 관리들에게 뒷돈을 주면서도 출입은 못하고 겨우 먼 발치에서 바라볼 수는 있었다. 하지만 박지원은 제지당하여 아예 근처에도 얼씬거리지도 못하였다.

관상대는 흠천감에서 관장하였고 최고 책임자는 서양 선교사들이었다. 홍대용은 남당 천주당에서 독일계 할러슈타인 선교사에게 천문 지식과 견문을 쌓을 수가 있었고 이를 통해 습득한 지식을 박지원에게 전달하였다.

그림 159. 심양고궁박물관의 청대 궁정 시계 전

그림 160. 심양고궁박물관의 자명종

에도(일본) 막부시대 이등방문의 영국 밀항(1863)과 런던 유학의 경험을 바탕으로 거국적으로 각 분야 100여 명의 이와쿠라 사절단(1871-1873)을 유럽과 미국으로 파견하여 적극적으로 서양 문물을 이해하고 도입하여 명치유신(1868)에 성공하게 된다. 이후 조선은 일본 개화 실태를 시찰하기 위해 1881년 김옥균 박영효 등 신사유람단을 파견하였다. 근대사에서 조선 조정은 서양을 직접 방문하여 문물을 배우지 않고 중국과 일본을 통해 서양의 선진기술과 문화에 대해 간접적이며 수동적으로 전달학습을 받은 셈이다.

연암의 친손자인 환재 박규수는 우의정 관직을 물러난 후 김옥균, 홍영식, 서광범 등 젊은 개화사상가들에게 박지원의 '연암집'을 강의하면서 서양의 과학기술과 통상 개화 및 부국강병을 가르쳤고 이들은 조선 말기에 이러한 실학 정신을 실현하고자 노심초사하며 노력하였다.

조선 후기의 실학사상은 고전 연구를 바탕으로 서구문물과 혼합되어 천문과학, 의학 등 여러 분야로 다양화되었고 벽돌이나 수레의 실생활에도 도움이 되었으며 특히 대동법은 대표적으로 성공적인 치적이라고 할 수 있다. 그러나 조선은 양란의 쓰라린 경험, 명청 교체기와 서세동점기에 처하여 있었음에도 불구하고 조정은 근본적으로 북학파나 실학자들의 거듭된 주장과 상소를 받아들이지 아니하였다. 순수한 학문 연구와 주의 주장에 그치고 조선왕조가 국정운영이나 정책으로 채택하지 아니하였던 것이다. 그로부터 조선은 딱 100년 이후에 서구열강과 일본의 식민 침탈을 통해 먹이가 되었다.

나도 10여 일간의 열하일기의 여행을 통해 과거의 기억을 되살리고 성찰하는 마음가짐을 새삼 가지게 되었다. 실학 정신은 오늘날 어떤 의미가 있는 것일까. 최근 2000년대에 들어 그동안 100여 년 동안 잠잠하였던 중국의 세력이 굴기하여 미·중 기술 패권전쟁을 벌이고 미국의 자국 우선주의가 팽배하는 현금의 국제 정세 아래에서 조선 후기 새로운 나라로의 개혁과 개방을 꿈꾸었던 실학자들의 정신을 되새김할 필요가 있다. 특히 조선 후기 당시 천문 지리, 의술 등 서양의 과학기술에 목말라하던 선각자들의 실학 정신을 이어받아 최근 도래하고 있는 인공지능, 바이오기술, 정보통신기술, 빅데이터 등 4차산업혁명의 시대를 주도해 나가는 노력을 기울일 필요가 있다.

조선 후기 실학사상은 극심한 혼돈의 정치 사회적 환경 속에서 싹이 돋아난 어린나무라고 할 수 있다. 나무가 생존하고 번성하기 위해서는 잎이 나고 꽃이 피며 또한 열매가 맺어야 한다. 이러한 의미에서 한국 사회는 아직 잎과 꽃과 열매가 튼실하지 못하고 우람한 나무가 되지 못하고 있다. 즉 여전히 실학 정신의 실현은 현재진행형인 상태라고 할 수 있다. 실학 정신이 오늘날 한국 사회에서 선진사회로 나아가는 실천적 사고와 방안을 통해 열매를 맺게 되기를 기다린다.

그림 161. 자금성

그림 162. 천단

열하(熱河)를 가다

글, 사진 궁인창(생활문화아카데미 대표)

화사한 봄날에 아내와 함께 다녀온 『열하일기』 답사 여행은 중국 랴오닝성, 허베이성, 베이징을 돌아보며 고구려와 발해의 영역이었던 둥베이(東北)와 유민(遺民)을 추념하는 최고의 여행으로 240여 년 전 연암 박지원이 건륭제 70세 탄신 축하사절의 일원으로 걸었던 발자취를 따라가 보았다.

다롄 국제공항에 도착하여 비사성을 거쳐 단둥, 요양, 선양, 북진, 금주, 산하이관, 통주, 베이징, 고북구, 청더를 비롯하여 여러 도시의 유적지를 방문하고 전성왕조(鼎盛王朝)·강희대전(康熙大典)』을 관람했다. 평생 잊지 못할 추억의 야외공연장은 청더에서 10km 떨어진 위안바오제(元宝街) 산에 건설하여 자연을 무대로 강희제의 일생을 멋지게 수놓았다.

그림 163. 화표(華表)와 후

청더 호텔 방에는 청나라 역사를 정샤오둥(郑晓东), 첸수신(钱树信), 옌춘성(闫春生) 세 분이 편저해 2012년에 인민출판사 발간 『청사시영(清史诗盈)』 책이 있어 늦게까지 읽었다. 시화(詩畫)는 청 순치 7년(1650년)부터 광서 29년(1903년)까지 총 694개 국가적 사건을 1일에 '한 개의 시, 한 그림, 한 해석'이란 독특한 방식을 채택하여 청의 역사적 풍모와 문화적 축적을 보여주었다.

베이징 호텔에서 지난 답사 여행을 돌아보며 사진첩을 보니 자금성의 화표(華表), 천단, 고 천문대, 고북구의 척계광 장군 동상, 동경성 천우문, 의무려산, 흥성고성 패루, 요양 백탑과 광우사, 백암성, 책문, 연산관, 선양 고궁, 압록강 단교, 뤼순 감옥, 음식이 생각났다.

답사 5일 차. 오늘은 302km를 이동하여 산하이관까지 가는 긴 노정으로 아침에 랴오닝성 북진 시에서 5km 떨어진 의무려산(醫巫閭山, 867m)을 방문했다. 이 산은 동북지방 3대 명산(장백산, 천산) 중 하나로 도교와 불교의 성지이며 고대 왕조에서 하늘에 제사를 지냈다.

의무려산은 만주어로 '푸른 산(ilagūri alin)'를 의미하며 산줄기가 45km에 50여 개의 크고 작은 산봉우리가 어울려 웅장하다. 선인들은 산에 올라 주변을 살펴보며 동쪽의 요하 벌판과 서쪽의 평원, 앞쪽은 끝이 보이지 않는 들판이 이어진다고 말했다. 광활한 벌판을 달렸던 유목민이나 벌판만 보며 걸어온 조선 사신들은 이 길을 걸으면서 큰 산을 보고 찬탄했다. 풍경구 출입구를 통과하니 정면에 뻥 뚫린 조형물이 보이고 청나라 황제 여섯 명이 서 있고 바닥에는 국태민안을 기원하는 동판 4개를 설치하였다.

안동립 답사 대장은 산에 성벽처럼 보이는 성채를 가리키며 저기까지 다녀오는데 2시간이면 충분하다고 말했다. 산을 잘 타는 아내는 대원들과 함께 산으로 향했다. 대형 분수대에서 뿜어내는 물줄기가 아주 시원했다. 여신상이 중앙에 있고 두꺼비 4마리가 밖에 있었다. 멀리 돌로 만든 사자가 보여 걸어갔다. 사자는 해학적인 얼굴로 관광객의 사랑을 많이 받아 코에 광택이 나고 높이 2.4m. 길이 1.2m, 폭 0.9m로 조각품이 정교하고 위엄이 있었다.

명나라 만력 연간에 이성량은 요동 총병관으로 근무했다. 1622년 여진족 족장 누르하치가 대군을 이끌고 쳐들어와 광녕성을 공격해 총 병부가 모두 불에 타 사라지고 건물을 지키고 있던 암수 사자만 덩그러니 남았다. 북진 시 인민 정부는 1983년에 태평성대를 기원하기 위해 사자를 의무려산으로 이전하였다. 건륭제의 친필 글씨 앞에서 중국인의 단체 사진을 멋있게 찍어주니 모두 고맙다고 하였다.

산에 안 올라간 일행에게 신기한 바위를 보러 가까운 곳에 가자고 제안했다. 재신전(財神殿)으로 가는 계단을 걸으면서 산을 쳐다보니 산세는 험하지 않고 화강암 바위가 깨끗하고 빛이 났다. 한국의 바위산인 북한산, 수락산과 비슷한 느낌이 들었다. 바위 위로 강한 햇빛이 환하게 비추자, 놀랍게도 바위가 빛이 났다.

등산로 입구에 있는 안내판을 보는데 방울 소리가 들렸다. 당나귀가 산 정상에 짐을 다 내려주고 마부와 천천히 내려왔다. 20분 정도 올라가니 재신전이 보이고 나무에는 빨간 복주머니가 연등처럼 장식되어 있었다.

계단 옆에 거대한 비석 글을 홍승원 서예가와 함께 읽고 재신전에서 승려와 대화하고 시주하였다. 하산할 때 당나귀 여러 마리가 무리를 지어 등에 무거운 짐을 싣고 산으로 올라가고 있어 급히 사진을 찍었다. 큰 바위에 종선여등(從善如登)이라는 글이 새겨져 있어 "착한 일을 즐겨서 하는 것은, 산을 오르는 것과 같이 어렵다."라는 뜻으로 해석했다.

버스를 타고 가다 대릉하를 구경하고 식당에서 점심을 먹었다. 식당 규모는 작지만, 주인은 신선한 재료로 맛있는 음식을 제공했다. 식사를 마친 후 주인에게 감사하다고 인사하며 "생선은 왜 없나요?"라고 질문하니 "싱싱한 생선을 구하려면 차를 타고 멀리 시장에 가야 하고, 조리 과정이 복잡해 며칠 전에 예약한 사람과 결혼식 잔치가 있는 날만 제공한다."라고 말했다.

오후에는 명 장성 진저우성지(錦州城址)와 흥성고성(興城古城)를 보러 갔다. 버스에서 자료집 〈닫힌 세상에서 열린 세상으로 나아가는 여정 문명의 보고서〉를 꺼내 방문지를 한 사람씩 돌아가며 낭독하게 했다. 여름 철새 꾀꼬리처럼 목소리가 아름답고 듣기 좋은 낭랑한 목소리를 가진 김완숙 대원이 글을 읽기 시작하자 호응도가 엄청 높았다. 버스 안의 분위기가 후끈 상승했을 때 민속학자 이윤선 교수가 호명되었다. 이 교수는 중국의 사자상과 조선의 해태, 일본의 고마루(高麗犬)와의 차이점을 알기 쉽게 설명했다. 그는 진도 북춤의 전설적 인물인 박병천 선생의 제자로 유명한 고수(鼓手)이다. 판소리 동편제에 관한 구수한 이야기를 해주고 판소리 창자(唱者)가 소리하다 다른 대목으로 넘어가기 전에 일정한 장단 없이 표현하는 '아니리'와 추임새를 설명하고, 세상에서 가장 짧은 단가를 대원들에게 선물했다.

"앞~산도 척~척하고, 뒷~산도 척척하더라~~"

이 교수는 임방울(林芳蔚, 1904~1961) 명창의 단가 〈추억〉 한 대목을 구성지게 불렀다. 소리꾼 엄수정이 흥겨운 분위기를 이어받아 춘향가, 사랑가, 문경새재, 진도아리랑을 불러 흥을 돋우었다.

오지 답사 여행길에 나서면 휴게소가 많지 않다. 가이드는 대원들이 손을 들어 화장실을 요청하면 버스를 도로변이나 휴게소에 잠시 세웠다. 점심을 먹고 나서 얼마 못 가 버스가 다시 섰다. 대원들이 채소 가게 화장실을 출입하는 동안 운전기사는 편하게 쉬며 담배를 피웠다. 급한 용무를 해결한 대원들은 아이스크림, 과일, 제사 지낼 물건을 구매했다. 가게 주인은 오랜만에 만난 단체 손님 덕분에 신바람이 나서 즐겁게 웃으며 계산했다. 옆에서 도와주던 아주머니는 어디에서 온 사람이냐고 자꾸 물었다.

버스는 링하이시(凌海市) 도심을 통과했다. 이곳은 진저우시(錦州市)의 행정구역으로 인구가 약 58만 명이다. 진저우 시는 화베이와 둥베이를 연결하는 요서주랑에 위치한 전략상 중요한 도시로 천년이 넘었다. 과거에는 투허(徒河)라 불렀다. 버스가 은행이 있는 건물 앞에 정차해 가이드를 따라 5분 정도 걸었다. 진저우 성지(錦州城址)는 2018년 1월에 랴오닝성 인민정부가 성급 문물 보호 단위로 공포하고 2024년 12월에 복원을 마쳤다.

그림 164. 강희대전 공연　　그림 165. 청더호텔의 『清史诗盈』　　그림 166. 조씨 형제 패루

　　버스는 국도를 따라 북진(北鎭) 시를 향해 달렸다. 옛 이름은 북녕(北寧)이다. 북진묘(北鎭廟)는 중국 역대 제왕들이 의무려산 신에게 제사를 지내는 사당으로 황제가 등극할 때, 전란과 재난이 발생하거나 황제의 순방 시에 제사를 지냈다. 당 현종 연간에 의무려산을 '광녕공'으로 봉하여 이름이 유래되었고 금나라에서 청나라 말기까지 광녕(廣寧)이라 불렸다.

　　북진이란 명칭은 북방의 진산(鎭山)이라는 뜻에서 나온 지명으로 시는 4개 가도, 11개 진, 3개 향이 있으며 인구는 47만 명이다. 해가 서쪽으로 뉘엿뉘엿 넘어갈 때 버스는 북진묘 주차장에 도착했다. 대원들은 관람 시간이 끝나기 전에 입장하려고 했으나 이미 문이 굳게 닫혀있었다.

　　북진묘 아래 문이 5개인 아름다운 패루가 있었다. 패루의 지붕과 하단석은 오래되었지만, 사각기둥과 조각을 새긴 벽면 대리석으로 최근에 새로 건립한 듯 보였다. 네 개의 돌사자상은 인간의 감정인 기쁨(喜), 성냄(怒), 슬픔(哀), 즐거움(樂)을 자연스럽게 표현했다. 관광안내판을 보니 북진묘는 세 개의 묘당 정문이 있고 동쪽 협문을 통해 안으로 들어가면 오른쪽에 종루, 왼쪽에 고루가 놓인 신마문이 있다. 이 문을 지나면 넓은 뜰에 56점의 비석이 있는 어향전이다. 이 비림 가운데는 건륭제의 '성수분(聖水盆)'이라는 시 구절, "조선 사람들이 새긴 시구가 많으니 기자국 문화가 오늘까지 흘러왔네"를 새긴 비석이 있다. 어향전 내부는 '북진 의무려산의 신' 소상과 함께 좌우에 여러 신의 소상이 놓여있어 다음번 방문할 때 보기로 다짐했다.

　　연암은 〈일신수필(馹迅隨筆)〉에 1780년 음력 7월 15일(양력 8월 14

일) 신광녕에서 23일 산하이관에 이르는 9일간의 여정 기록을 적었다. '일신(馹迅)'은 말을 타고 빠르게 가면서 쓴 글이라는 뜻이다. 연암은 공자의 이야기를 빗대어 공간의 무한성과 인간의 유한성을 토로했다. 또, 청나라에서 어떤 제도를 자세히 들여봐야 하는지를 말했다. 그는 조선의 고루한 선비와는 아주 달랐다. 청나라에서 들은 것을 새기지 않고 그대로 남에게 전하기만 하는 것은 비루하다고 보았다. 이 뜻을 몰라 자료를 보니 구이지학(口耳之學)은 『순자』〈권학〉편에서 유래한 말로 연암은 "본 것을 온전히 자기 것으로 만들지 못하는 것은 잘못이다."라고 강하게 비판했다.

북진 시는 북진묘에서 동쪽으로 약 2.5km 떨어져 있어 버스는 시외버스 정류장을 지나갔다. 멋진 조명등으로 장식된 가로수는 여행자의 마음을 움직였다. 광녕성(廣寧城)은 다른 도시와 다르게 과거의 풍광을 간직하고 있었다. 북진고루(北镇鼓楼)에서 200m 떨어진 곳에 버스가 주차해 물병을 들고 성으로 걸어갔다. 성에는 축제가 벌어져 요란한 음악 소리가 들렸다. 많은 사람이 고루 밑을 지나가며 천장을 구경했다.

연암은 1780년 7월 15일에 북진고루에 도착했다. 〈일신수필〉에 기록하기를 "구 광녕성은 의무려산 밑에 있는데, 앞으로 큰 강이 열리고 강물을 끌어서 해자를 만들었으며, 쌍탑이 하늘 높이 솟아 있다. 성에 못 미쳐 몇 마장 되는 곳에 큰 사당이 하나 있어 단청을 새로이 하여 찬란하게 눈에 든다. 광녕성 동문 밖 다리 머리에 새긴 공하가 매우 웅장하고 기묘하게 보였다. 겹문을 들어가서 거리를 지나노라니 점포의 번화 함이 요동만 못 하지 않다. 영원백 이성량의 패루가 성 북쪽에 있다."라고 기록했다.

용의 아들인 공하 자료를 조사하다 명나라 사람 호승지(胡承之)가 저술한 『진주선(眞珠船)』 문헌에서 용생구자불성룡(龍生九子不成龍)이란 글을 보고 거북이를 닮은 비희(贔屭), 불을 끄는 능력이 있는 이문(螭吻), 소리를 좋아하는 포뢰(浦牢), 범을 닮은 폐안(狴犴), 식욕이 왕성한 도철(饕餮), 물을 좋아하는 공하(蚣蝦), 강직한 성격의 애자(睚眦), 불을 좋아하는 산예(狻猊), 숨기를 좋아하는 초도(椒圖)를 모두 외웠다.

원래 광녕성은 명나라 때부터 여진족을 방어하는 군사요충지로 순무와 총병 지휘 아래 군대가 주둔한 곳이었다. 성의 구조는 북쪽 내성과 남쪽 외성이 붙어 있었지만, 남쪽 외성은 서쪽 벽만 조금 남았다. 북쪽 외성에는 점장대와 이성량 패루가 있다. 패루는 요동지역을 방어한 공적으로 세워져 조선 사신의 필수 관람지였다.

이성량은 성주 이씨로 조선인의 후손이다. 선조 이천년의 아들 이승경(李承慶)이 원나라에서 벼슬을 지냈다. 이성량은 명나라 신종 때 요동좌도독으로 있을 때 여진족을 물리쳤다. 누르하치(努爾哈赤)는 이성량 휘하에 있었고 이성량이 죽은 후에 요동의 패권을 차지했다. 그는 후금을 세워 황제를 자칭하며 명나라를 자주 침공했다. 이성량의 아들 이여송(李如松, 1549~1598)은 명나라 서쪽 닝샤(寧夏)에서 푸베이의 난이 일어났을 때 동정제독(東征提督)으로 난을 평정해 명성이 높았다. 당시 조일전쟁(壬辰倭亂)을 지휘하던 경략 송응창이 급히 이여송에게 전문을 보내 조선으로 가도록 명령했다. 이여송은 방해어왜총병관(防海禦倭摠兵官) 자격으로 천만리(千萬里), 이여백(李如柏), 추수경(秋水鏡)과 함께 4만 3천 명의 군사를 이끌고 조선으로 건너왔다.

누각과 광녕성 광장에는 에어로빅 10여 팀이 20~30명씩 모여 음악을 틀어놓고 신나게 춤을 추는데 정말 행복하게 보였다. 붓을 들어 글씨를 쓰는 사람도 있고, 맛있는 음식을 팔러 다니는 사람도 보였다. 이래현 대원이 붓을 들어 어려운 한문을 한 번에 써 내려가니 이를 구경하던 사람들이 최고라고 칭찬했다. 패루 옆 상점이 있는 번화가는 북진 시의 중심가로 유명 상품 브랜드 상점이 많고 젊은 사람이 많았다. 패루 계단에서 동영상을 찍다가 비석의 '이성량 패방' 글자를 발견했다. "광녕성 이성량 패방은 중화민국공화국 국무원에서 공포해 2002년 5월 25일 요녕성 인민 정부가 건립하였다." 대원들은 광녕성 기념비에 모여 답사 대장의 상세한 설명을 들었다.

대원들이 버스를 타고 식당으로 갔는데, 조평규 대원이 찬조한 커다란

양고기가 마술처럼 등장해 모두가 놀랐다. 대원들은 박수로 환영하고 즐겁게 저녁 만찬을 즐겼다. 가이드가 식당에 양 한 마리를 주문하여 식당에서는 6시간 걸려 통구이를 준비하였다. 식당에서 준비한 양이 너무나 커서 대원들이 푸짐하게 먹어도 절반이나 남아 양고기를 가지고 여행을 할 수 없어 식당에 양해를 구하고 양고기를 종업원에게 드렸다.

다음 날에는 흥성고성(興城古城, 영원위)을 방문했다. 연암 일행이 건륭 45년(1780년 7월 19일) 여름에 고성 밖에서 하루를 묵었다. 흥성고성은 요서(遼西) 구릉 지대를 뒤로하고, 남으로는 발해(渤海)에 임해 있는 곳으로 예로부터 요서주랑의 중부지역에서 요충지로 꼽혔다. 요동지역에서 중원으로 통하는 교통의 중추였다. 흥성 지역은 요나라 성종 통화(統和) 8년(990)에 흥성현이 처음 설치되고 치소(治所)가 위치했다.

이후 명나라 선덕(宣德) 3년(1428)에 요동 총병 무개, 도어사 포회덕이 성 건설을 청원하여 명나라 관외 방어체계의 일환으로 이곳에 성을 쌓아 선덕 5년(1430)에 완성하고 영원위성(寧遠衛城)으로 불렀다. 성은 사각형 위성 설계를 기본으로 4개의 문에는 옹성이 설치되고 포대가 세워져 방어와 행정 기능을 담당했다. 고성은 청나라 때에 중수하며 영원주성으로 개칭하였다가 1914년에 다시 이름을 현재의 흥성으로 다시 이름을 고쳤고 1986년에는 현과 시를 폐지하였다. 고성은 명나라 만리장성 방어체계에서 유일하게 위성, 소성, 보성, 역성, 해안방어를 하나로 통합한 요새로 전략적 위치가 매우 중요했다. 성벽을 바라보니 홍이대포(紅夷大砲)가 있고 금주성지와 다르게 웅장했다.

대원들이 화장실을 다녀와 모두 모이자, 안 대장은 관람 시간을 의논했다. 답사 대장은 중국의 4대 고성인 흥성고성, 서안고성, 형주(荊州)고성, 산서 평요(平遙)고성을 설명하고 작년에 유네스코 세계유산 평요 고성을 방문한 적이 있어 관람 시간을 30분으로 제한한다고 말했다.

흥성고성 옹성을 들어가면서 대형 대포는 보는 순간 이 장소가 명과 후금의 최대 격전지였음을 깨달았다. 명나라는 1604년 네덜란드 군대와 전투할 때 적의 대포 컬버린(Culverin)을 홍이포로 불렀다, 컬버린은 뱀

(colubrinus)을 뜻하는 라틴어에서 비롯되어 개인용 화기로 사용되다 40kg 남짓의 대형화포로 진화하여 공격 대상을 먼 거리에서 포격하기 위해 함포형으로 개발되었다. 명나라 조정은 네덜란드 대포의 파괴력에 놀라 1618년에 대포를 수입하였고 1621년에는 복제품을 만들고 대량 주조했다.

흥성고성은 정방형 모양으로 동서남북에 성문이 있다. 본래 성은 외성과 내성이 있었는데, 외성은 모두 무너졌다. 둘레가 3,2km, 높이가 8.8m로 4대 성문은 동쪽 춘화문(春和門) 남쪽 연휘문(延輝門) 서쪽 영녕문(永寧門) 북쪽 위원문(威遠門)이다. 산서성 핑요고성을 떠올리며 성안으로 걸어갔는데 성 내부는 하수관을 교체하고 포장공사를 하고 있었다. 흙먼지가 많아 주변 상점이 모두 문을 닫아 볼거리가 없었다. 길을 걷다 계요독사부(薊遼督師府)가 눈에 띄어 안으로 들어갔다. 전시관은 명나라 말기 병부 대신 원숭환(袁崇煥)이 닝위안(흥성)의 길료군대와 주둔군을 감독하라는 황제의 명령을 받고 흥성에 주둔하면서 군사 및 지도기관을 건설한 곳이었다.

원숭환 장군은 랴오닝성 전체와 허베이성의 기진, 텐진, 산동성 라이자우(萊州) 등 지역을 담당했다. 전시관 내부에는 명·청 시대의 고대 역사와 요동 전투 영웅의 삶을 소개했다. 닝위안(興城) 전투 장면과 군대 제복, 병기, 총기, 갑옷, 깃발 등을 전시하고 감옥 방은 명나라 태수부 감옥으로 수감자를 가두는 방을 재현하고, 외부 담장에 동물 12개를 설치했다.

흥성고성 안쪽으로 걸어가니 정중앙에 종고루(鐘鼓樓)가 보였다. 종과 북은 평시에는 시간을 알렸고 전시에는 진군을 알리는 신호용으로 사용되었다. 안내판이 없어 가이드가 지나가는 사람에게 성황당 위치를 물었다. 고성 내에는 동북 3성에서 제일 오래된 문묘(文廟)와 영원대첩을 기록한 조씨 패루가 있었다. 필자는 고덕지도(高德地圖) 앱을 보면서 주변 문화재를 살폈다.

중국 동북지역에서 크게 세를 펼치던 후금(後金)의 누르하치는 당시 요동을 지배하였던 고려 출신 요동총병관 이성량(李成梁, 1526~1615)의 지배 속에 후원을 받고 요동철령위의 지휘첨사 관직을 세습했다. 그는 융경

4년(1570)에 요동총병관이 되어 여진족(女眞族) 방어를 담당하였다.

숭정 원년(1628)에 명나라 조정은 원숭환에게 요동을 감독하면서 장악하라고 명령했다. 이에 원숭환은 조대수를 전위 총병으로 임명하여 랴오전위 장군의 인장을 달고 진저우에 주둔하게 했다. 숭정 2년(1629)에 후금 카안 홍타이지(皇太极)가 요새에 입성하여 명나라를 공격하고 베이징에 육박하자, 조대수는 원숭환을 따라 도시를 방어했다. 원숭환이 항복하고 옥에 투옥된 후, 조대수는 두려움에 떨며 출소했다. 이때 손승종은 사람을 보내 그를 소환했다.

이듬해 1630년에 쭌융(遵永)에서 대승을 거두어 란저우(滦州), 쭌화(遵化), 융핑(永平), 첸안(迁安) 4성을 수복했다. 숭정 4년(1631)에 병력을 독려하여 대릉하성(大凌河城)을 쌓자, 홍타이지가 대규모 군사를 이끌고 포위 공격을 감행했다. 조대수는 원병이 궤멸하고 성 안의 식량이 모두 고갈된 상황에서 어쩔 수 없이 후금에 항복하고 충성스러운 아들 1명을 청나라에 인질로 보내고 명나라로 돌아왔다. 송진(松锦) 대전에서 그는 진저우(锦州)를 2년 동안 지켰지만, 숭정 15년(1642)에 다시 청에 항복했다. 청나라 조정은 여전히 그를 총병으로 임명하여 한군(汉军) 정황기(正黃旗)에 예속시켰지만, 군사권은 주지 않았다.

청나라 순치(順治) 원년(1644)에 조대수는 청나라 종실 어른인 찰기영유(八旗领袖) 도르곤(多尔衮, 1612~1650)을 따라 입관하였고 순치 13년(1656)에 사망하여 진국장군(镇国将军)으로 추증되었다. 그는 한평생 파란만장한 삶을 살았다. 그가 지휘하는 명나라 군대는 수년 동안 후금에 저항했고 많은 장군을 배출하였다. 그는 명이 청 왕조로 바뀔 때 매우 중요한 지위에 있었으며 좌도독, 영록대부가 되었다. 조대수의 묘는 베이징 주변에서 발견되어 무역 중개상의 거래로 현재 캐나다 온타리오주 토론토에 있는 로열 온타리오 박물관(Royal Ontario Museum, ROM)이 소장하고 있다.

명나라 장수 모문룡(毛文龍, 1576~1629)은 후금의 요동 공격으로 패하여 조선으로 도주해 조선 조정에 도움을 요청했다. 광해군과 신하들은 명분이 없어 평안도 철산 앞바다에 있는 가도에 임시로 머물게 하였다. 그런데 이것이 빌미가 되어 1627년 정묘호란이 발발하게 된다.

경략 원숭환은 모문룡의 군비 지출이 막대하다고 조정에 상서하고 조사할 것을 요구했다. 모문룡을 직접 만나 조사하던 중 모문룡이 너무 오만하게 자신만이 요동에 대해 잘 알고 익숙하다고 주장하며 대들었다. 경략이 옥에 있는 모문룡을 참살하자, 동강진을 지키던 모문룡의 부하들은 명을 배신했다. 한때 동강진이 후금 군대의 남침을 견제했는데, 이후에 역할을 제대로 수행하지 못했다는 설도 있다.

명나라 숭정제는 귀가 얇아 떠도는 소문을 사실로만 여겼다. 황제는 원숭환이 경사를 방어하고 적을 물리쳤지만, 전투에서 여러 번 황제의 뜻을 거역하고 의심을 불러일으키는 행동을 했다고 생각해 그를 도성으로 불러들인 후 옥에 투옥했다. 이때 명나라 대학사 온체인이 앞장섰다. 그는 모문룡과 동향으로 평소 많은 뇌물을 받았다. 그는 "원숭환이 홍타이지와 내통하여 후금군을 황성으로 끌어들였다."라고 모함하며 즉시 잡아들여 처형하라고 주장했다.

홍타이지가 군대를 동원해 베이징 황궁을 공격했을 때 원숭환이 군대를 동원해 황제를 구했다. 이때 원숭환은 덕승문에 들어가 휴식을 취하자고 조정에 요청했지만, 숭정제가 이를 거부한 적이 있었다. 간신배들은 이를 두고 모반의 죄를 뒤집어씌웠다. 그는 황제를 속인 죄, 모반의 죄, 대역모략 죄로 숭정 2년(1630) 음력 8월 16일(양력 9월 22일) 북경의 저잣거리에서 책형(磔刑)을 당했다.

청의 형벌 제도는 예전부터 내려오던 제도를 그대로 따랐다. 책형은 죄인을 기둥에 묶어놓고 형리들이 온몸의 살점을 하나씩 발라내 고통을 주고, 사지(四肢)를 부러뜨려 심한 고통을 겪도록 하고는 다시 목을 베어 두개골을 완전히 부숴버리는 아주 잔혹한 형벌이었다. 억울하게 누명을 쓰고 죽은 구국 영웅 요동 총사령관 원숭환의 나이가 46세였다.

명나라는 숭정제가 집권한 이후 많은 인재와 고굉지신(股肱之臣)이 모두 사라졌다. 대표적인 인물이 원숭환, 조대수, 노상승, 손전정, 문진맹, 유종주 등이다. 숭정제는 17년간 황위에 있으면서 50명의 내각 인원을 바꾸고,

14명의 병부상서를 바꾸었다. 죽이거나 자살하게 만든 독사나 총독이 11명이고, 죽인 순무가 11명이다. 숭정제 치하에서 감옥에 가두고 구타당하며 치욕을 당한 관리가 너무 많아 민심이 동요했다. 명나라 멸망 전인 숭정 14년에는 감옥에 갇혀 있던 관리가 145명에 달했다. 학자들은 "이런 여러 가지 일들이 명나라의 멸망을 촉발한 것이다."라고 주장했다.

청사(清史)를 연구하는 학자들은 명나라 경략 원숭환이 2만 명도 채 안 되는 군사로 누르하치와 홍타이지의 13만 명의 군대를 격퇴한 영원대첩(寧遠大捷), 영금대첩(寧錦大捷)은 기적 같은 전투라고 높게 평가했다. 중국 역사상 애국 명장으로 손꼽히는 원숭환의 주검이 사실상 명나라의 명암을 결정했다고 평가하는 중국 학자들이 많다. 원숭환의 죽음으로 명 군사들의 기세가 꺾이고 동북 군민들의 결사 항전에도 불구하고 명나라는 각종 문제로 몸살을 앓다가 14년 후인 1644년 멸망했다.

1644년 4월 24일 이자성이 지휘하는 군대는 베이징을 포위하여 총공격을 감행했다. 이때 숭정제가 위급을 알리는 종을 울렸지만, 신하들은 모두 도망가고 환관 왕승은(王承恩)이 홀로 남아 황제를 보필했다. 다음 날 아침에 자금성이 불에 타자 숭정제는 자식들을 피신시키고 자금성 북쪽에 있는 경산(景山, 88m)으로 가서 나무에 목을 매어 자살했다.

답사를 다녀와 흥성고성 패루에 대한 문헌 조사를 시행하였다. 선양대학교 바이센 교수는 2023년 9월에 〈랴오닝성 조대수 석패방의 석각 인물 그림 고찰〉 논문을 발표했다. 그는 조대수는 조선 사신과 왕래가 잦았고 패루에 등장하는 인물 12명 그림 중 3점이 조선 사신과 관련이 있다고 주장했다. 조대수는 패루 북서쪽에 '잉어약룡문(登龍門)'의 이야기를 빌어 원숭환(袁崇煥)에 대한 고마움을 표현했다. 북쪽 2층 횡방에 있는 석각 3점은 조대수가 조선 사신을 접견하는 모습이 새겨져 있다. 사신 이흘(李忔)은 1629년(인조 7) 사은사가 되어 동지사(冬至使) 윤안국(尹安國), 서장관 정지우(鄭之羽) 등과 함께 배를 타고 명나라에 가다가 풍랑을 만났다. 윤안국은 바다에서 익사하고, 이흘만 간신히 살아 베이징에 도착해 하표(賀表 : 조선에서 올리는 축하의 글)와 변무주문(辨誣奏文 : 명나라에서 오해하는 일을 바로잡도록 변론하는 글)을 전달한 뒤 조선 사신의 숙소인 옥하관(玉河館)에서 지내다 사행길에서 얻은 병으로 인해 죽었다. 조선 조정은 이흘을 좌찬성에 추증하였다. 시호는 충장(忠章)이며, 저서로는 『관주 일록』(觀周日錄), 『오계 문집』(浯溪文集) 등이 있다.

문묘로 걸어가는데, 눈앞에 조벽(趙壁)이 있었다. 사진사는 조벽에 결혼식을 앞둔 커플을 세워놓고 다양한 몸짓을 주문했다. 조벽은 고성의 일부로 고대 건축의 중요한 특징이다. 조벽은 장식과 시야를 가리는 역할을 하며 정교한 조각과 독특한 건축 양식으로 많은 관광객을 끌어들였다. 중국 여행 중에 가끔 조벽을 보았지만, 마을 복판에 있는 조벽은 처음 보았다. 조벽은 고대 도시의 풍모와 장인들의 뛰어난 기술의 결정체로 벽에 있는 문양과 무늬는 깊은 문화적 내포와 상징적 의미를 담고 있다. 장군부를 지나자 오랜 역사를 지닌 흥성 문묘가 있어 담장 밖에서 구경했다.

고전연구가 고미숙은 조선왕조에서 가장 으뜸이 되는 책으로 연암 박지원이 열하를 방문하고 조선에 귀국한 후 3년간 저술한 『열하일기』를 손꼽았다. 집에 돌아와 책상에 앉아 여행기 답사 초안을 잡는데 연암이 걸어간 길이 너무나 고생스러운 길이였다는 것을 깨닫고, 동아지도 안동립 대표가 선물한 답사 지도를 벽에 걸어 놓고 하염없이 바라보았다.

연암은 연경에 도착했지만, 황제가 멀리 열하에 있어 다시 나흘을 밤낮없이 걸어 황제를 친견하고 여섯 날을 머물다 베이징을 거쳐 귀국 길에 올랐다.

청나라 4대 황제 강희제는 서예가로 유명하다. 그는 자금성에서 태어나 여덟 살에 황제가 되어 61년을 통치했다. 그는 가신 오배(瓜尔佳 鰲拜의 난과 삼번의 난을 평정하고 타이완과 티베트를 복속하여 국경을 크게 넓혀 청나라의 토대를 굳건하게 만든 강건성세(康乾盛世)의 주인공이었다. 어린 황제는 베이징보다 넓은 벌판을 좋아했다.

1702년 북방에서 사냥하다 추운 겨울에도 물이 얼지 않고 물안개가 피어나는 신기한 샘을 발견했다. 북쪽에서 군사를 대동해 사냥하는 것은 병사들을 조련할 목적이었다. 이 훈련은 북방 민족을 견제하려고 자주 개최

하였다. 황제는 특이한 샘을 신비스럽게 여겨 행궁을 조성하라고 지시했다. 신하들은 쑤조우(蘇州)의 사자림(獅子林)과 한산사, 항저우의 무릉사와 육화탑, 진강의 금산정, 가흥의 연우루 명소와 강남의 정원과 원림을 참고하여 여름 별장을 건축했다. 사자림은 1342년 원나라 승려 천여 법사(天如法師)가 스승을 기리기 위해 설계한 정원으로 독특한 바위들이 사자를 닮았다. 피서산장 문원(文園)도 사자림을 본 떠 타이호(太湖) 주변 구릉에서 채취한 구멍 많은 복잡하고 기이한 바위를 가져다 놓았다.

전각을 지을 때 필요한 목재는 내몽골과 대흥안령 소나무로 충당하고 자연 지형을 살려 낮게 건물을 지었다. 황실 여름 별장은 옹정제와 건륭제를 거치면서 베이징 이화원의 2배나 되는 거대한 면적으로 늘어났다. 별장은 궁전이 있는 곳과 자연경관 구역(호수, 초원, 산악)으로 구분되며, 도시를 보호하는 성벽은 10km에 이른다. 1994년에 '청더의 피서산장과 주변 사원'이 유네스코 세계유산으로 등재되었다.

황제가 매년 3~4개월 머물던 정원 형태의 궁전은 초원 구역에서 말 경주가 열렸고, 만 그루의 나무가 있는 만수원(萬樹園)에서는 외국 사절을 맞이했다. 조선 사신단이 피서산장을 방문한 것은 1790년 서호수(徐浩修)가 만수절 축하 사절에 간 것을 포함해 세 번이다. 산림의 서쪽 구역에 황제의 큰 장서각 중 하나인 문진각(文津閣)이 있었다. 황제는 몽골인과 티베트인 등 소수민족에 대한 유화 정책과 국경 지역 통치를 강화하려는 방안으로 사원을 종파별로 건축하였다. 12개의 티베트 라마교 사원들은 각기 다른 건축 양식을 보여주며 보녕사(普寧寺), 보우사(普佑寺), 안원묘(安遠廟), 보락사(普樂寺)는 한족과 티베트 양식의 조합이 특징이다.

답사 8일 차 아침 피서산장 '박지원 기념비'를 찾아갔다. 이 비가 세워지게 된 것은 2010년 당시 '한중 전략적 협력 동반자'의 실체에 대한 의구심이 크게 제기되는 상황에서 7월 23일 베이징에서 제9차 한·중 경제장관회의가 개최되었다. 1997년 금융정책실장으로 재직하며 IMF 외환위기를 경험한 한국 경제사의 산증인 윤증현 기획재정부 장관은 오찬 축사에서 『열하일기』를 자세히 소개하며 한중 양국이 실용주의 사상으로 함께 발전하고 있다고 발언했다.

다음 날 아침 중국 신문에는 "조선과 청이 256년 동안 514차례 사신이 왕래했고, 조선의 위대한 사상가 박지원이 1780년 건륭제의 축수 사절단과 함께 중국에 초대되어 방대한 분량의 『열하일기』를 써서 청에서 보고 들은 것을 상세히 기록했다. 이것은 백과사전식으로 중국을 소개하는 명작으로, 외국인의 신분으로 중국을 아주 냉정하게 관찰하고 평론하며, 중국의 풍경 명승, 사회 습속, 인정세고(人情世故), 청나라의 정치, 경제, 문화, 군사, 종교 등에 대한 기록이 있으며, 그가 청나라 사대부들과 시문(诗文), 금기서화(琴棋书画), 천문 역법 등의 문제를 토론한 대화 내용이 대량으로 기록되어 있어 청의 역사와 외교사를 연구하는 데 중요한 문헌이다."라고 대대적으로 소개했다. 윤증현 장관의 발언으로 중국 여론은 매우 민감하게 반응했다.

평소 한국과의 유대감을 자주 언급하며 한국 관광객 유치를 위해 힘쓰던 청더 자오펑러우(赵凤楼) 시장은 회의를 소집하고 기념비 건립을 의결했다. 여정문(麗正門) 화단에는 조선의 문학가 연암이 열하를 방문하고 『열하일기』를 남긴 사실을 기념한 비가 건립되어 있다. 대원들은 연암 기념비를 구경하고 여정문을 통과했다. 여정문 현판에는 만주어, 한자, 티베트어, 몽골어, 위구르어로 적힌 글씨가 있었다.

강희제는 1703년부터 여름 별장에 건물을 짓고 이름을 명명하며 시를 남기고 궁정화가 심우(沈喻)에게 『어제 피서산장 36경 시도』(御制避暑山庄三十六景诗图) 동판화를 그리게 하였다. 강희 36경은 1711년에 완벽한 경관 체계를 만들었다. 피서산장 강희 36경 중 주요 명소의 한시이다.

제1경 연파지상(烟波致爽)은 황제의 침실이다. 描绘了山庄的清新空气和宁静环境, 诗中提到"热河地既高敞, 气亦清朗", 表达了对自然美的赞美。

지경운제(芝径云堤)：通过描写小径和云雾, 展现了山庄的幽静与雅致。

무서청량(无暑清凉)：这首诗强调了避暑的舒适感, 描绘了清凉的泉水和宁静的环境。

연훈산관(延薰山馆)：诗中描绘了山馆的优雅与静谧, 适合休息和思考。

수방암수(水芳岩秀)：以清澈的泉水和秀丽的山景为主题, 表达了康熙对自然的热爱。

장홍음련(长虹饮练)：引用了李白的诗句，描绘了水面上彩虹的美丽景象。
향원익청(香远益清)：这首诗引用了周敦颐的『爱莲说』，强调了荷花的高洁与芬芳。
추봉낙조(锤峰落照)：以落日映照磬锤峰的壮丽景观闻名，曾为蒙古野宴场地。
만곡송풍(万壑松风).

제3경 주변 호수 경관이 아주 훌륭하고 무서청량(無暑清凉)이란 현판이 있다. 이 건물은 강희 42년(1703)에 시작하여 강희 47년(1708) 사이에 건축하였다. 강희제는 "이 정자에 있으면 삼복 무더위가 시원한 바람에 쫓겨 가고, 향기로운 향기가 바람 따라서 온다."라고 말했다.

마음이 고요하고 자연스럽고 시원하다고 명명된 '무서청량' 글씨를 보고 걸어가니 연극 무대 위에 부편옥(浮片玉)이라는 글씨가 보였다. 편옥(片玉)은 곤륜산에서 출토된 귀한 옥으로 편전편옥(片箋片玉)은 곤륜산의 옥처럼 아름다운 문장(文章)을 이르는 말이다. 부옥(浮玉)은 육유(陸游)의 시에서는 아름다운 여자를 비유하는 표현으로 사용되었고, 다른 글에서는 아주 고귀한 사람, 어진 선비를 뜻했다. 부편옥의 확실한 출전을 몰라 중국 고전을 매주 강의하는 김영환 교수에게 여쭈었더니 "이 글자는 주로 호수나 강가에 있는 정자에 많이 사용한다. 사자성어 부공편옥(浮空片玉)의 줄임말로 하늘의 구름과 달빛, 옥의 아름다운 정취를 형용한 말로 출처는 송대 오문영(吳文英)의 시 『玉漏遲‧瓜涇度中秋夕賦』 「淨洗浮空片玉, 勝花影, 春燈相亂」에 나온다."라고 하며 네 가지 용례로 가르쳐 주셨다.

그림 167. 현판 부편옥(浮片玉)　　그림 168. 무서청량(無暑清凉)　　그림 169. 피서산장

이 시는 중추절의 아름다운 밤 경치를 묘사하며 그 속에서 느끼는 이별의 감정을 표출하고 있다. 달빛이 꽃의 그림자와 봄의 등불보다 더 밝고

아름답다는 의미를 담고 있다. 떠다니는 구름과 맑고 깨끗한 옥이 하늘에 걸려 있으며, 달과 꽃, 그림자 및 등불과 어우러진 자연적인 아름다움을 비유하는 말이기도 하다. 부편옥은 전각을 지을 때 일편운(一片雲) 누각과 마주 보게 건축하였다.

제5경 안내판에 "수방암수(水芳岩秀)에 행랑방이 있다."라고 소개했다. 황제가 책을 읽고 쉬었던 곳에는 화려한 장식이 없고 책상 위에 붓과 벼루가 놓여있고 황새 한 마리가 있었다. 황제는 "물이 맑으면 향기가 나고 산이 조용하면 아름다워진다."라는 한시를 썼다.

水芳岩秀 수방암수

水清則芳山静則 秀此地泉甘水清 故擇其所宜選字 數十間於焉诵讀
幾暇静養 可以滌 煩可以悦性作此 自戒始终之意云 壬中御筆

물이 맑으면 향기가 나고, 산이 고요하면 아름답다. 이 땅의 샘물은 감로수처럼 우수하여 주변 하천을 깨끗하게 만든다. 그런 연유로 글자를 선정하고, 수십 칸의 집을 만들어 한가롭게 쉬면서 정양을 하려고 한다. 가히 번뇌가 사라지고 희열을 느껴 성품을 잘 다스리고 고요함 속에서 자기를 반성하고 경계하면 시종일관 내면의 청명함을 지킬 수 있다.

강희제는 전각에서 한시를 짓고 책을 보았다. 전각 주변을 돌아보니 사방이 고요하고 새소리도 안 들려 정말 책 읽기 좋은 곳이라 생각했다. 황제는 잦은 전란과 운남(雲南) 반란을 평정하는 과정에서 많은 어려움과 고난을 겪어 마음을 편안하게 할 안식처가 필요해 자연을 벗 삼았다. 황제가 사용하는 책상 뒤에는 황제의 장수를 기원하는 수(壽)라는 큰 글자가 보였다. 전북 임실문화원장을 지낸 최성미 원장과 서예가 홍승원 선생은 황제가 사용한 책상과 주변의 문방구 용품을 관찰하며 벽에 있는 한시를 음미했다. 강희제는 문인들에게 시문 창작을 권유하고 문치 정책을 시행했다.

그림 170. 수방암수(水芳岩秀)　　그림 171. 수방암수(水芳岩秀) 한시　　그림 172. 어과포(황제의 채소밭)

'수방암수' 황제 어필은 현대 중국의 문인을 피서산장으로 오게 만든 상징적인 한시이다. 강희제의 여러 시를 분석한 학자들은 한시의 구조와 언어 품격이 매우 높다고 극찬하며 언어가 간결하고 리듬감이 넘치고 대결과 고사를 사용하여 시구가 음악적 아름다움과 철학적 이치를 갖추고 있다고 평했다. 황제는 유가 사상을 수용하여 심신의 수양을 강조해 표현하고, 문치와 무공을 겸비한 제왕이라는 것을 은연중에 보여주고, 자연에 대한 존경심과 내면의 평온을 글로 남겨 국가와 민족에 대한 깊은 사색을 보여주었다.

강희제는 1712년 조선사절단에 『전당시』 120권, 『연감유함』 140권, 『패문운부』 95권, 『고문연감』 24권을 하사했다. 황제는 한어, 만주어, 몽골어에도 능해 주변국의 문화를 이해하고 존중했다. 황제의 어필은 고문헌을 검색해서 확인해야 할 정도로 깊은 뜻이 담겨 있고 글자가 매우 심오했다.

명나라 영락제 때인 1420년경에 건립된 자금성의 화표(華表) 두 쌍은 전설적인 동물 벽사(辟邪)나 동물 후(犼, 朝天吼, 望天吼)가 9.57m 백석 대리석 상단에 앉아 있다. 직경 98cm, 무게 20톤 기둥에 용과 상서로운 구름 문양이 조각되고, 기단부는 연꽃 문양의 수미좌(須彌座)가 있다, 상상의 동물 후는 황제가 저잣거리로 나가면 빨리 궁으로 돌아가라고 재촉하고. 안에서는 황제가 빨리 기상하도록 알리고 화재를 감시했다. 화표의 기원은 고대 중국으로 거슬러 올라가 왕이 민중의 의견을 수렴하기 위해 도로변에 나무 기둥인 비방목(誹謗木)을 세워 사람들이 자신의 의견이나 비판을 적도록 하였다. 화표는 동한시대(25~220 AD)부터 장식적인 기둥으로 자리를 잡고 남북조시대(420~589 AD)에 더욱 발전하였다. 비방목은 시간이 지나며 궁전이나 무덤 앞에 세워지는 대형 석조 기둥으로 자리를 잡았다. 화표는 단순한 기둥이 아니고 왕권의 상징 표시이며 정치적 권위와 문화적 상징성을 지녔다. 화표 간의 거리는 96m로 자금성 건축 설계와 관련이 있다. 그동안 피서산장과 원나라의 여름 별장 상도(上都) 유적을 가보려고 계획했지만, COVID-19 팬데믹 이후 여행을 미루다 이번에 열하를 처음 구경했다.

자연은 산과 물이 서로 잘 어우러져 의지하고 있지만, 그 속에 머무는 사람들은 번뇌와 망상에 빠져 괴로워한다. 피서산장 작은 샘에서 흘러나온 샘물은 부처님의 감로수 설법처럼 청정해 사람들의 흐려진 마음과 정신을 맑게 해주었다. 연암이 열하를 다녀와 "견문이 넓어진 여행이었다."라고 고백했듯이 이번 답사를 통해 중국에 대한 인식이 많이 바뀌었다.

『열하일기』 답사 대원들은 서로 손을 잡고 대화하며 교학상장(敎學相長)을 실천하였다. 큰 목소리로 알기 쉽게 해설하며 길을 안내한 황일만 가이드와 관광버스를 안락하게 운행한 운전기사 장카이(张凯), 『열하일기』 전 노정을 방문 답사하고 장구를 준비해 신바람 나게 해준 '베이징 중성(中聖)국제여행사' 손광휘 사장에게 심심(甚深)한 감사의 말씀을 드립니다. 여러분의 회사와 가정에 만복이 깃들고 항상 강건하시기를 기원합니다. 고맙습니다!

그림 173. 청더시 관광국장 주최 만찬

그림 174. 피서산장 만수원

중국 승덕 뉴스에 소개된 '고조선유적답사회'

https://mp.weixin.qq.com/s/0KpJo0YmtZ60-fUn_2yfYw

开展文化溯源之旅 续写中韩交流新篇『热河日记』韩国考察团来承考察

https://mp.weixin.qq.com/s/DiCKrxDqtrc6ktCDl4EV8g

"终于来到了这里，想象着当年朴趾源站在此处，他眼中的长城该是怎样的震撼人心啊！"在金山岭长城上，来自韩国的专家学者们时而热烈交流，时而沉思静想，仿佛与先辈进行着一场无声的对话。

4月26日至27日，由韩国专家学者组成的考察团带着对『热河日记』的满腔热忱，踏上承德这片承载着深厚历史底蕴的土地，沿着1700多年前朝鲜思想家、文学家朴趾源的足迹，展开了一场意义非凡的文化溯源之旅。

『热河日记』韩国考察团参观普陀宗乘之庙。承德日报记者 郎朗 摄

1780年，朴趾源随使团访问热河为乾隆皇帝祝寿，回国后创作了文学巨著『热河日记』。这部作品不仅是朝鲜实学思想的杰出代表，更成为韩国了解中国清朝时期社会、文化、政治等多方面的重要窗口，在韩国文化发展历程中影响深远，被视为韩国文学与思想史上的经典之作。

『热河日记』韩国考察团参观普陀宗乘之庙。承德日报记者 郎朗 摄

韩国考察团一行先后到金山岭长城、外八庙、关帝庙、避暑山庄等地进行了参观走访，每到一处，专家学者们都认真聆听讲解，不时提出问题，仔细研究细节，与陪同人员深入交流。韩国古朝鲜历史遗迹探访会长、东亚地图代表安东立介绍，『热河日记』这部作品对承德的描写非常完整，也最让人神往，这次来到承德有种梦想照进现实的感觉。他们正在通过社交媒体，实时更新这次探寻的所见所闻，并在回国后，进行深度创作，通过视频、图片和文字作品等多种形式宣传承德。

此次考察活动，是一次跨越时空的文化对话。通过实地走访，韩国专家学者们对『热河日记』有了更深刻的理解，也进一步加深了中韩两国在历史文化领域的交流与合作，促进了两国人民的相互了解与友谊。

活动中，河北影视集团团队与韩国代表团展开了深度交流。双方围绕『热河日记』的影视化创作进行了多维度探讨，韩方专家基于对『热河日记』的深厚研究，分享了诸多关于18世纪中朝文化交流、承德历史风貌的学术见解，为短剧剧本创作提供了详实的历史依据，进一步丰富了创作素材库，助力『热河日记』短剧以更生动、更准确地姿态走向荧幕。

来源/承德日报（记者：张楠），编辑/侯天琳，责编/王馨颖，监审/张强 李立成，终审/周易

그림 175. 승덕신문

연암 박지원의 길을 따라 2,300km

글, 사진 이효웅(한국동해연구소 소장)

인천-다롄-단둥-선양-산해관-베이징-청더-베이징-인천

2025년 4월 19일부터 28일까지, '고조선유적답사단' 24명은 안동립 대장과 함께 조선 후기 실학자 박지원이 1780년 청나라를 여행했던 여정을 따라 약 2,300km에 이르는 길을 답사했다.

답사를 준비하며, 우선 김혈조 교수가 옮긴 『열하일기』 개정판을 읽었다. 연암 박지원의 탁월한 문장과 날카로운 관찰력은 독서를 때로는 즐겁게, 때로는 고단하게 만들었다. 『열하일기』는 건륭제의 초청을 받아 열하(승덕)를 다녀온 박지원의 기행문으로, 청나라의 문물과 제도를 통해 조선의 낡은 체제를 비판하고 개혁의 당위성을 역설한다. 단순한 여행기가 아니라, 풍속·제도·인물·자연·우주에 이르는 방대한 기록이 담긴 시대의 기록이다.

중국 다롄(대련)에 도착하면서 답사가 본격적으로 시작되었다. 첫 방문지는 여순감옥(뤼순교도소)으로, 1906년부터 1936년까지 한국인·중국인·러시아인 등 약 2만여 명의 항일운동가가 수감되었던 곳이다. 특히 안중근·신채호·이회영·박희광 등 독립운동가들의 옥고를 떠올리며 모든 이가 숙연해졌다.

단둥으로 이동하여 압록강 하류에 이르렀다. 광활한 강줄기를 따라 황금평과 북한 신의주가 한눈에 들어왔다. 18세기의 박지원이 이 강을 건넜을 모습을 상상하며, 2010년 백두산 답사 때 단둥 여객선 위에서 북조선 어민들과 '코끼리바위'를 촬영했던 분단의 아픔이 다시 떠올랐다. 이번 답사에서 특히 인상 깊었던 장소는 다음과 같다.

박작성(호산장성) : 가파른 정상에 올라 바라본 북한과 중국의 풍경이 대비되었다. 박지원이 애랄하 통군정과 함께 구룡나루를 건넜을 모습을 떠올렸다. 우리 지역 봉황산의 오골성과 비교되며, 옛 국경을 지키던 병사의 숨결이 전해졌다.

백암성(연주성) : 산성은 개발 예정으로 출입금지 표지판이 세워져 있었다. 아쉬움을 뒤로한 채 성 아래에서 간단히 사진을 찍고 되돌아섰다.

요양백탑 : 중국인들이 휴식·운동·연주·춤을 즐기는 모습을 보며, 아름다운 백탑·서탑·남탑을 둘러보았다.

심양고궁 : 누르하치와 홍타이지의 생활공간을 살펴보았다.

의무려산 : 체력 부족으로 정상까지 오르지 못했으나, 산자락의 경관만으로도 감탄을 자아냈다.

산해관 : 만리장성의 시작이자 끝인 성벽 위에서 등해루를 바라보고 발해만 쪽을 응시했다. '천하제일관'의 관문과 송림 해변이 어우러진 풍경을 감상하며, 과거 대륙 관문의 위상을 떠올렸다.

관상대에서는 옛 중국과 장영실의 과학 정신을, 유리창 거리에서는 청대 문화의 향기를 느낄 수 있었다. 고북구 만리장성에 올라 끝없이 펼쳐진 장성의 웅장한 위용을 감상하며, 마침 개최 중이던 만리장성 마라톤 대회는 뜻밖의 흥미로운 볼거리를 더해주었다. 피서산장에서는 청 제국의 여름 궁정 풍경을 생생히 체험할 수 있었고, 특히 입구에 세워진 박지원의 『열하일기』 비 앞에서는 숙연한 마음이 절로 들었다. 마지막으로, 장이에요 감독이 연출한 원보산을 배경으로 한 「강희대전」 공연을 통해 청 제국 문화 예술의 찬란함을 생생히 느낄 수 있었다.

박지원의 시선을 따라 걷는 이번 답사는 단순한 과거의 재현이 아니었다. 조선 후기 실학자의 비판적 시각과 문명에 대한 통찰을 오늘의 눈으로 되새기는 여정이자, 우리 근현대사와 분단의 현실을 마주 보는 성찰의 기회였다. 역사의 길 위에서 우리는 그가 보았던 것들을 함께 보고, 느끼고, 생각했다. 이번 답사는 그 자체로 '현대판 열하일기'라 부를 만한 뜻깊은 체험이었다.

그림 176. 표지

그림 177. 압록강 철교 일출

그림 178. 여순감옥

그림 179. 여순감옥 수의

그림 180. 단동 야경

그림 181. 압록강 단교 야경

그림 182. 압록강 철교

그림 183. 단동에서 본 신의주

그림 184. 북한어선(2010년)

그림 185. 북한 신도 코끼리바위(2010년)

그림 186. 박작성 누각(호산장성)

그림 187. 박작성(호산장성)

그림 188. 봉황산성

그림 189. 요양 백탑공원

그림 190. 백암성(연주성)

그림 191. 산해관 일출

그림 192. 요양백탑

그림 193. 요양백탑 불상

그림 194. 요양 광우사

그림 195. 무량 주택

그림 196. 산해관장성 노룡두

그림 197. 산해관 천하제일관

그림 198. 산해관 해변

그림 199. 쌍봉낙타

그림 200. 고북구 금산령장성

그림 201. 영평성 백이·숙제 제사

그림 202. 하영택 대원 악기 연주

그림 203. 금산령장성에서 하영택과 함께

그림 204. 피서산장 앞 박지원 비

그림 205. 티베트불교 사원

그림 206. 열하 비석

그림 207. 피서산장 호수와 경추봉

일 자	답 사 일 정 표(50인승 차량)
4월 19일 1일 차	▶인천 출발 oz 301 → 대련 도착 09:05~09:20 ▶인솔자 미팅 ▶여순감옥 : 항일 독립운동 안중근, 신채호. 이회영 ▶고구려 비사성 卑沙城 : 대흑산 당왕전 당 태종 입구만 구경 ▶동항시에서 북한 황금평 조망 ▶단동 시장 호텔 : 단동중련대주점(丹东中联大酒店, 0415-233-3333)
4월 20일 2일 차	▶압록강 단교 鸭绿江断桥 ▶박작성 泊灼城 (호산장성 虎山长城()) : 압록강 지류 애라하(愛喇河), 의주 통군정 아래 구룡나루 배 5척 ▶구련성터 九连城镇政府 ▶책문 柵門 변문진 边门 : 상판사 득룡 호통, 선진 문물 놀람(벽돌집, 우물 뚜껑 구멍 2개, 두레박, 물지게) ▶오골성(봉황성) (烏骨城, 凤凰山) : 봉금지대, 벽돌성(안시성 아님) ▶송참(설리참 薛礼站 薛禮村) : 노숙 ▶통원보 通远堡镇 : 장마로 6일간 머뭄 ▶초하구 草河口镇 : 봉림대군 한탄 시, 병자호란 애환의 장소, 초하구역 ▶연산관 连山关镇 : 1636 사신이 청 국서를 버린 곳 병자호란 원인, 인조 삼전도 굴욕1636.12.28.~1637.02.24. 56일간 전쟁 ▶청석령 青石岭 : 관제묘 제사, 부경, 적석묘 호텔 : 요양희열미호텔(辽阳喜悦美酒店, 0419-389-7777)
4월 21일 3일 차	▶백암성(연주성) 白巖城 燕州城 : 태자하 (첨수참 甛水站 娘子傘) ▶요양 백탑 白塔 공원 ▶광우사기 广佑寺 ▶요양 관제묘 辽阳关帝园(白塔区新世纪酒店北侧) : 제사를 지냈던 곳 ▶요양 동경성 东京城城址 : 천우문 ▶십리하 十里河市場 (7/10~7/14 걸어서 심양 도착) ▶사하, 백탑보 白塔堡 ▶심양 沈阳 가상루에서 저녁 진수성찬 필담, 옛 고구려 한사군 낙랑 땅, 2일간 성경에서 머뭄. 낙타 두 마리 본 것을 창대 묘사 ▶서탑 거리 西塔街 ▶조선관 朝鲜馆, 清盛京城德盛门瓮城遗址 북쪽100m에 위치함(소현세자, 봉림대군 유배지) ▶남탑시장 南塔街 : 기왓조각 재활용 및 똥무더기 활용 상세묘사 호텔 : 심양텐룬위에즈호텔(沈阳天润悦致酒店, 024-3151-9899)
4월 22일 4일 차	▶심양 고궁 沈阳故宫 : 후금(청) 태조 누르하치, 태종 홍타이지 사용 ▶요하대교 辽河大桥 : 조망, 요동과 요서의 분기점, ▶거류하 마을 巨流河 : 고구려성 토성 흔적, 교량에서 하천 조망 ▶신민 新民站 : 일자(무량)가옥, 백기보마을 청기, 황기 8기군 호텔 : 북진리펑호텔(北镇丽枫酒店, 锦州北镇店), 0416-666-6666

일 자	답 사 일 정 표(50인승 차량)
4월 23일 5일 차	▶북진묘 北鎭廟 (광녕성) ▶북진고루 北镇古楼 ▶의무려산 医巫闾山风景名胜区 : 광개토대왕 거란 정복기 부산을 넘다 ▶대릉하 : 다리를 조망 ▶금주고성 남문 锦州古城 소릉하 통과 ▶영원위(흥성고성 兴城古城) : 독사부 督师府 고성 밖에 묵었다 ▶전소고성 前所古城 : 성 입구만 살펴봅니다. 호텔 : 진황도아각호텔(秦皇岛雅阁酒店, 0335-341-7777)
4월 24일 6일 차	▶산해관 장성 山海关长城 ▶노룡두 老龙头 : 만리장성 끝 ▶갈석산 표석 葛石山风景区 : 입구 비석만 본다 ▶영평성 이제묘 永平府古城遗址望京门 箕子朝鲜 : 백이·숙제묘 ▶고죽문화공원 孤竹文化公园(卢龙县博物馆) : 답사 여부 현장 결정 ▶경항대운하 京杭大运河的观光船 : 통주~조양문 돌을 깔아 도로 40리 건설 손수레와 배 10만 척, **압록강에서 연경까지 33 참(站)** 2,030리, 호텔 : 北京金凤大酒店 010-8459 6363
4월 25일 7일 차	▶천안문 자금성 故宫博物院 紫禁城 ▶동악묘 东岳庙 ▶관상대 观象台 北京古观象台 ▶천단 公园 ▶유리창 거리 ▶남당 천주당 : 선무문 宣武門 ▶왕부정 거리 ▶정양문 호텔 : 古北口古源金色酒店 010-6903 2388
4월 26일 8일 차	▶고북구 만리장성 古北口文化文物旅游景区 관람 ▶승덕시 이동 ▶보타종승지묘 普陀宗乘之庙 : 외팔묘 外八庙 찰십륜포(札什倫布) 티베트(라마)교 판첸라마 반선 접견 숭유억불 ▶강희대전 공연 관람 : 몽골식 가옥 게르 호텔 : 承德热河付酒店 0314-2208 666
4월 27일 9일 차	▶승덕시 피서산장 열하비석 承德 避暑山庄(乾隆行宫) : 三拜九叩頭 예를 올림. 사신 10명, 사람 64명 모두 74명, 말 55필 (8월 13일 만수절 참석) ▶관제묘 关帝庙(丽正门大街) : 1일 머묾 ▶열하문묘 热河文庙 : 명륜당에서 머묾 호텔 : 北京丰荣君华 010-8146 3366
4월 28일 10일 차	▶공항으로 이동, 북경 출발 → 인천 도착 10:40~13:50 (oz 332) ▶총 이동 거리 : 2,300km
	현지 사정상 답사 일정이 변경될 수 있습니다. 北京中圣国际旅行社负责人 孙光辉 1390-121-8158 导游-黃日万 1390-115-9093

[고조선유적답사회 연혁]

[초대 김세환] 용산철도창장, 한배달역사천문학회, 한글 확장연구회 회장

제1차, 8명 답사 (1996년 4월 8일~4월 12일) 중국 주주시 염능현, 장사시, 마왕퇴
제2차, 12명 답사 (1996년 11월 7일~11월 14일) 중국 염제신농묘, 순제능, 항주
제3차, 10명 답사 (1997년 10월 17일~10월 26일) 중국 산동성 일원
제4차, 11명 답사 (1999년 6월 5일~6월 17일) 중국 탁록, 천수, 천산지구
제5차, 14명 답사 (2000년 6월 15일~6월 22일) 중국 탁록, 서안, 낙양, 제남
제6차, 10명 답사 (2001년 4월 3일~4월 13일) 중국 제요묘, 상구박물관, 항주 일원
제7차, 11명 답사 (2003년 3월 30일~4월 4일) 중국 성도시 장가계지구, 계림지구
제8차, 39명 답사 (2004년 7월 15일~7월 20일) 중국 백두산, 안중근, 윤동주 생가

[2대 회장 이형석] 한국의 하천 연구소, 땅이름학회 회장

제9차, 10명 답사 (2004년 10월 23일~10월 27일) 중국 산동선 일원
제10차, 2명 답사 (2006년 6월 1일) 이형석, 안동립, 북한 개성박물관, 선죽교
제11차, 6명 답사 (2006년 7월 10일~7월 17일) 중국 요서지방, 적봉지구
제12차, 4명 답사 (2006년 9월 14일~9월 18일) 중국 연변, 합이빈지구
제13차, 7명 답사 (2006년 10월 16일~10월 23일) 중국 탁록, 우하량지구, 노룡두
제14차, 25명 답사 (2007년 3월 2일~3월 8일) 중국 대련, 심양, 사평 일원
제15차, 14명 답사 (2007년 5월 16일~5월 21일) 중국 연변, 집안, 단둥 지구
제16차, 29명 답사 (2007년 8월 3일~8월 9일) 중국 란하유역, 우하량, 흥융와
제17차, 10명 답사 (2007년 10월 11일~10월 15일) 중국 오한기, 하가점, 옹우특기
제18차, 14명 답사 (2008년 2월 15일~2월 21일) 중국 요녕성, 요하유역
제19차, 14명 답사 (2008년 4월 17일~4월 23일) 중국 제남, 안양, 서안지구
제20차, 10명 답사 (2008년 6월 9일~6월 15일) 중국 연변지구, 백두산
제21차, 8명 답사 (2008년 11월 23일~12월 1일) 중국 삼국지 유적지

[3대 회장 김석규] 월남전 참전 유공자, 역사연구가

제22차, 12명 답사 (2009년 7월 1일~7월 8일) 중국 탁록, 산서성, 호화호특, 포두
제23차, 3명 답사 (2009년 11월 6일~7월 12일) 중국 대련 ~ 연변
제24차, 5명 답사 (2010년 4월 8일~4월 17일) 중국 칭하이성, 감숙성지구
제25차, 10명 답사 (2010년 6월 11일~6월 18일) 몽골 동부, 징기스칸 탄생지
제26차, 8명 답사 (2011년 9월 16일~9월 23일) 중국 장춘, 흥안령, 하얼빈, 만주리

[4대 회장 안동립] 동아지도 대표, 영토학회 이사, 독도연구가

제27차, 7명 답사 (2012년 6월 25일~7월 1일) 중국 대련, 단둥, 장백, 백두산
제28차, 13명 답사 (2013년 7월 31일~8월 8일) 중국 북극촌, 북위, 선비족 발원지
제29차, 12명 답사 (2013년 9월 28일~9월 29일) 전주 주류성 백강전투, 임실 상이암
제30차, 12명 답사 (2014년 3월 21일~3월 23일) 여수진남관, 고흥청산도 고인돌 초분
제31차, 30명 답사 (2014년 4월 30일~5월 7일) 중국 통요, 파림좌기, 적봉, 의무려산
제32차, 18명 답사 (2014년 7월 31일~8월 10일) 몽골 서부 알타이산, 카라코룸, 흡스콜
제33차, 12명 답사 (2015년 3월 7일~3월 14일) 중국 홍산문화, 고조선 유적지
제34차, 30명 답사 (2015년 7월 28일~8월 4일) 중국 북경, 승덕, 적봉, 파림좌기, 심양
제35차, 13명 답사 (2016년 5월 28일 토) 김해 가야 유적지 김수로왕릉 박물관
제36차, 27명 답사 (2016년 8월 1일~8월 7일) 중국 대련 비사성, 우하량, 적봉, 요상경
제37차, 34명 답사 (2017년 7월 3일~7월 10일) 중국 서안, 화산, 등봉, 정주, 안양, 제남
제38차, 27명 답사 (2018년 6월 18일~6월 28일) 몽골 텡그르산 천제단, 카라코룸
제39차, 31명 답사 (2018년 8월 31일~9월 4일) 러시아 이르쿠츠크, 바이칼호 알혼섬
제40차, 8명 답사 (2018년 10월 20일~10월 21일) 여수, 안도 폐총 답사
제41차, 1명 답사 (2019년 4월 7일~4월 14일) 아제르바이잔, 조지아, 아르메니아
제42차, 21명 답사 (2019년 6월 4일~6월 12일) 몽골 테를지, 초이발산, 칭기즈칸탄생지
제43차, 17명 답사 (2019년 8월 6일~8월 15일) 몽골 한가이산, 흡스콜, 차탕족
제44차, 12명 답사 (2021년 9월 3일~9월 4일) 전북가야문화 유적, 임실, 남원, 장수
제45차, 24명 답사 (2021년 11월 19일~11월 20일) 전북가야문화 제철 유적, 무주, 장수
제46차, 12명 답사 (2022년 6월 3일~6월 23일) 몽골고비사막, 홉드, 타왕복드 말친봉
제47차, 2명 답사 (2022년 9월 17일~9월 27일) 몽골, 보이르호, 할인골, 자민우드
제48차, 24명 답사 (2023년 7월 8일~7월 18일) 카자흐스탄, 기르키즈스탄, 우즈베키스탄
제49차, 28명 답사 (2023년 11월 20일~11월 30일) 중국 산서성 태항산 일주
제50차, 14명 답사 (2024년 5월 8일~5월 21일) 중국 신강 실크로드, 알타이 답사
제51차, 10명 답사 (2024년 10월 10일~10월 16일) 윤관 선춘령, 백두산, 독립군 유적지
제52차, 24명 답사 (2025년 4월 19일~4월 28일) 박지원의 열하일기를 따라서 단둥~승덕
제53차, 24명 답사 (2025년 5월 12일~5월 13일) 곽장근, 고대문화 용광로 장수군 일원
제54차, 답사 예정 (2025년 10월 27일~11월 3일) 산동성 한바퀴, 전설의 인물을 찾아서

※ 이 책을 만드는 데 도움을 주신 분

맥테크플랜트산업(주) 대표이사 이미선

주소 : 충남 공주시 신풍면 차동로 2152 (041)841-3010

답사단 명부

1	**안동립**	대장, 고조선유적답사회 회장, 동아지도 대표, 독도 연구가
2	**강경숙**	고조선유적답사회 회원, 전 간호사
3	**강계두**	경제학 박사
4	**강명자**	작가, 임실군 향토사 연구원, 임실
5	**궁인창**	생활문화아카데미 대표
6	**김완숙**	작가, 부녀회장, 장수 산골마을영화제 집행위원
7	**김제일**	무주군 수의사
8	**김희곤**	행정학 박사, 시인, 소설가, 수필가
9	**문부산**	장수군 수의사
10	**박석룡**	고조선유적답사회 회원, 소방관, 목포
11	**안옥선**	무주군 문화관광해설사
12	**엄수정**	고조선유적답사회 회원, 소리꾼, 요가강사, 양장사, 장수
13	**윤광일**	고조선유적답사회 회원, 화순소방서, 광주
14	**이래현**	사진작가, 미래에너지산업 대표, 공주
15	**이미선**	맥테크플랜트산업 대표, 공주
16	**이우언**	금문연구회 부회장
17	**이윤선**	전 국립목포대학교 HK교수, 전 한국민속학술단체연합회 이사장, 문화재전문위원
18	**이효웅**	한국동해연구소, 해양탐험가, 해양사진가, 삼척
19	**정운채**	고조선유적답사회 회원, 하동군 농민회장
20	**조성호**	고조선유적답사회원, 대전
21	**조평규**	경영학박사, 중국연달그룹 특별고문, 한반도선진화재단 이사, 장보고글로벌재단 부이사장, 前 단국대 석좌교수
22	**최성미**	전 임실문화원장, 전주
23	**하영택**	술꾼의 품격 대표, 국선생, 장수
24	**홍승원**	재경 김포향우회 회장
	손광휘	북경 거주(흑룡강성 목단강시 발해 출신)孙光辉
	황일만	안내 黃日万

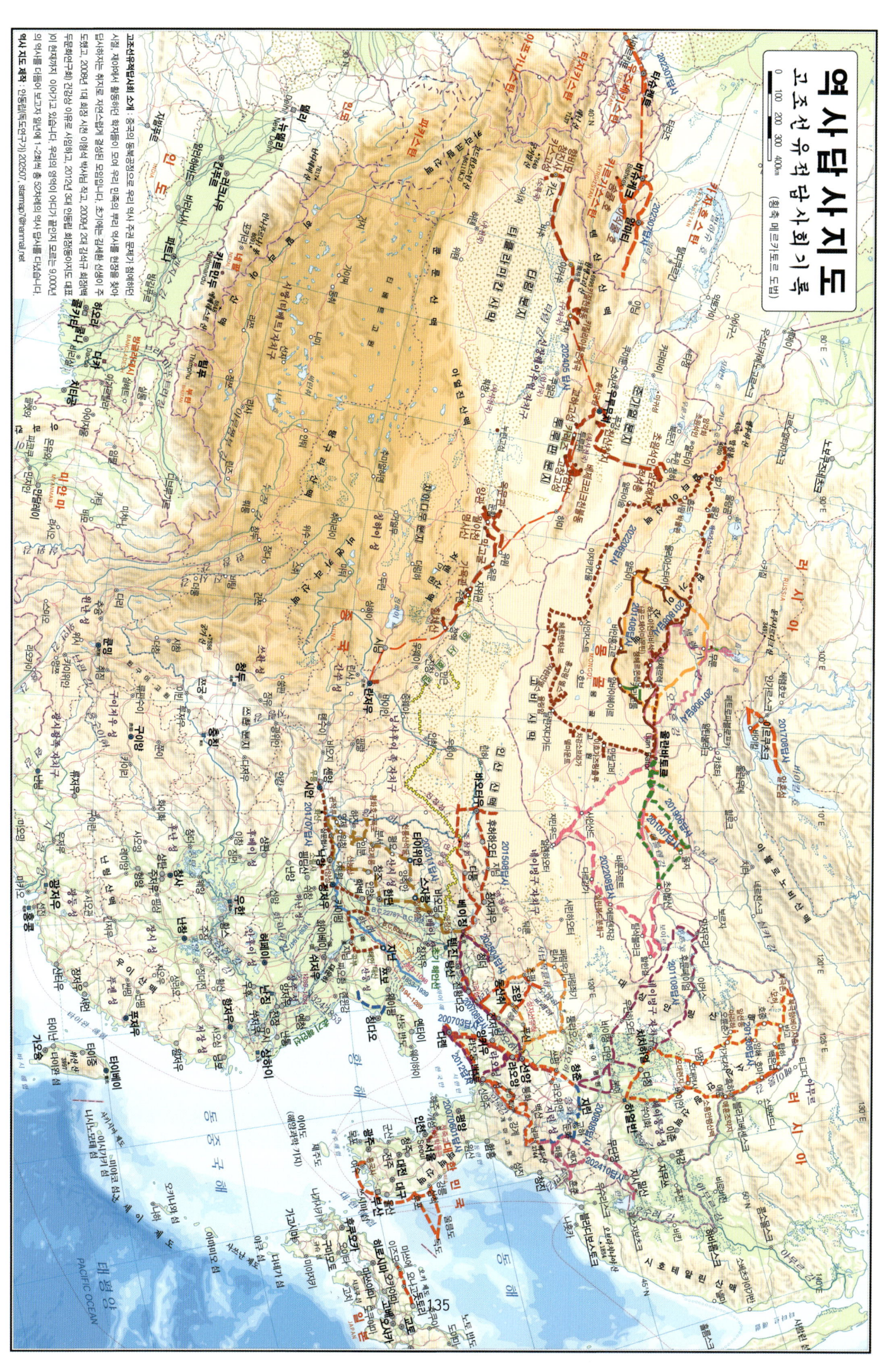

그림 209. 여순감옥

그림 210. 박작성(호산장성)

그림 211. 요양 백탑

그림 212. 오골성(봉황산성)

그림 213. 의무려산

그림 214. 정양문(자금성)

그림 215. 천안문

그림 216. 만수원(열하)

열하일기 답사기

초판 1쇄 : 2025. 7. 11
펴 낸 날 : 2025. 7. 17
지 은 이 : 안동립 강계두 강명자 궁인창 김희곤 조평규
        안옥선 엄수정 윤광일 이윤선 이효웅 최성미
편집 제작 : 편집부
발 행 인 : 안동립

펴 낸 곳 : 동아지도 Dong-A Mapping Co,. LTD
주   소 : 경기도 부천시 소사구 안곡로4 삼익3차아파트 상가동 301호
전   화 : 032)224-7557
홈페이지 : www.map4u.co.kr
이 메 일 : starmap7@hanmail.net
다음카페 : 고조선유적답사회 http://cafe.daum.net/map4u
찍 은 곳 : 문덕인쇄
출판등록 : 제1-919호(90.4.23)
I S B N : 978-89-85433-77-8
값   : 35,000원

[참고문헌]

1. 열하일기, 한국고전종합DB, 이가원(역), 1968, https://db.itkc.or.kr
2. 국역 연행록(1699년 12월 4일), 국립중앙도서관, 지음 강선, 옮김 이종묵
3. 연암 박지원 초상화, https://ko.wikipedia.org/wiki/%EB%B0%95%EC%A7%80%EC%9B%90_(1737%EB%85%84)
4. 열하일기, 김혈조, 돌베게, 2025,
5. 삶과 문명의 눈부신 비전 열하일기, 고미숙, 미래엔아이세움, 2007
6. 1780년, 열하로 간 정조의 사신들, 구범진, 21세기북스, 2021
7. 요동 고구려 산성을 가다, 원종선, 통나무, 2018
8. 창덕궁 고지도(도성도 규장각한국학연구소, https://kyudb.snu.ac.kr/book/view.do)
9. 모화관(총독부) 터(돈의문 박물관 마을)
10. 금주 전투 조선군, 파진대적도, https://namu.wiki/w/%ED%8C%8C%EC%A7%84%EB%8C%80%EC%A0%81%EB%8F%84
11. 경항대운하 京杭大运河 古画, https://baijiahao.baidu.com/s?id=1799567393838288025&wfr=spider&for=pc
12. KBS HD역사스페셜 – 박지원의 열하일기 4천리를 가다
13. 고조선 강역 연구, 이형석
14. 고구려축성연구, 서길수, 학연문화사. 2009
15. 네이버지식백과
16. 뒷표지. 연암 박지원 친필 원고, 단국대학교 석주선기념박물관, https://museum.dankook.ac.kr/web/museum
17. 답사 지도 제작, 동아지도 안동립